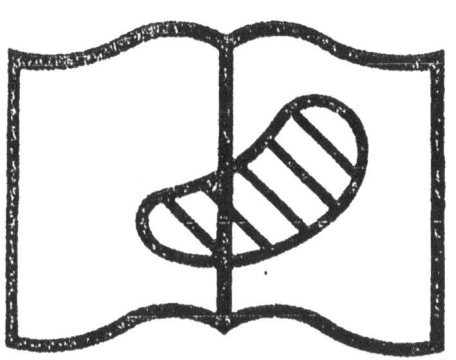

Foliotation partiellement illisible

VALABLE POUR TOUT OU PARTIE DU DOCUMENT REPRODUIT

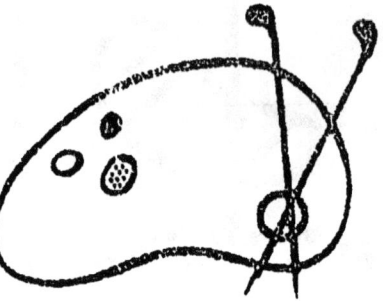

Début d'une série de documents en couleur

Édition à **1** fr. **25** le volume

CH.-PAUL DE KOCK

LES

DEMOISELLES

DE MAGASIN

TOME PREMIER

PARIS
DEGORCE CADOT, ÉDITEUR
9, RUE DE VERNEUIL, 9

Droits de traduction et de reproduction réservés

RÉIMPRESSION TEXTUELLE DE L'ÉDITION ORIGINALE

HISTOIRE
SECRÈTE
DES AMOURS

ET

DES PRINCIPAUX AMANTS

DE

CATHERINE II
IMPÉRATRICE DE RUSSIE

PAR

UN AMBASSADEUR DE L'ÉPOQUE

AVEC GRAVURE

DEGORCE-CADOT, LIBRAIRE-ÉDITEUR

Prix : 3 fr. 50 franco

J. AUREAU. — IMPRIMERIE DE LAGNY.

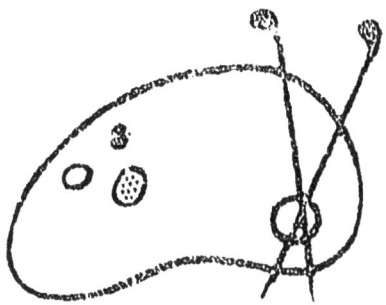

Fin d'une série de documents
en couleur

LES DEMOISELLES

DE MAGASIN

TOME I

EN VENTE A LA MÊME LIBRAIRIE

OEUVRES DE CH. PAUL DE KOCK

AVEC UNE GRAVURE HORS TEXTE

ÉDITION A **2** FRANCS LE VOLUME

L'Amoureux transi	1 vol.	Le Petit Bonhomme du coin	1 vol.
Une Gaillarde	2 »	Mon ami Piffard	1 »
La Fille aux trois jupons	1 »	Les Demoiselles de Magasin	2 »
La Dame aux trois corsets	1 »	Une Drôle de maison	1 »
Ce Monsieur	1 »	Mme de Monflanquin	2 »
La Jolie Fille du faubourg	1 »	Maison Perdaillon et Cie	1 »
Les Femmes, le Jeu et le Vin	1 »	Le Riche Cramoisan	1 »
Cerisette	2 »	La Bouquetière du Château-d'Eau	2 »
Le Sentier aux Prunes	1 »	La Famille Braillard	2 »
M. Cherami	1 »	Friquette	1 »
M. Choublanc	1 »	La Baronne Blaguiskoff	1 »
L'Ane à M. Martin	1 »	Un Jeune Homme mystérieux	1 »
Une Femme à trois visages	2 »	La Petite Lise	1 »
La Grappe de groseille	1 »	La Grande Ville	1 »
La Mariée de Fontenay-aux-Roses	1 »	La Famille Gogo	2 »
L'Amant de la Lune	3 »	Le Concierge de la rue du Bac	1 »
Papa Beau-Père	1 »	Les nouveaux Troubadours	1 »
La Demoiselle du cinquième	2 »	Un petit-fils de Cartouche	1 »
Carotin	1 »	Sans-Cravate	2 »
La Prairie aux coquelicots	2 »	Taquinet le Bossu	1 »
Un Mari dont on se moque	1 »	L'Amour qui passe et l'Amour qui vient	1 »
Les Compagnons de la Truffe	2 »	Madame Saint-Lambert	1 »
Les Petits Ruisseaux	1 »	Benjamin Godichon	1 »
Le Professeur Fichecla-que	1 »	Paul et son chien	1 »
Les Étuvistes	2 »	Les époux Chamoureau	1 »
L'Homme aux trois culottes	1 »	Le Millionnaire	1 »
Madame Pantalon	1 »	Le petit Isidore	1 »
Madame Tapin	1 »	Flon, Flon, Flon Lariradondaine	1 »
		Un Monsieur très-tourmenté	1 »

Il a été tiré, de chaque ouvrage, cent exemplaires sur très-beau papier de Hollande, gravure sur chine, à **5** francs le volume

F. Aureau. — Imprimerie de Lagny.

ŒUVRES DE CH.-PAUL DE KOCK

LES
DEMOISELLES
DE MAGASIN

TOME I

PARIS
A. DEGORCE-CADOT, ÉDITEUR
9, RUE DE VERNEUIL, 9

Tous droits réservés

LES DEMOISELLES

DE MAGASIN

I

M. Boniface Triffouille

A la suite d'un fort bon dîner, fait au café-restaurant qui se trouve au coin du faubourg Poissonnière, à gauche, en entrant par le boulevard, arrivés à ce moment du dessert où la conversation est devenue plus intime, plus animée, plus expansive, surtout lorsqu'on l'arrose avec cet excellent vin de Corton que l'on apporte couché dans un panier et dont on se sert en ayant bien soin de ne point trop remuer le panier, cinq messieurs, tous de fort bon air, de fort bonne mine, se livraient à ce doux abandon de la pensée presque toujours provoqué par les vins généreux; et bien qu'aucun de ces messieurs ne fût gris, parce que les gens bien élevés ne se grisent pas, à moins de circonstances extraordinaires, car, dans la vie, il ne faut jamais répondre de rien... ils étaient tous ce qui s'appelle un peu *montés*, un peu en train, si vous aimez mieux.

Alors tout le monde est bavard, tout le monde a quelque chose à raconter, quelque aventure, quelque bonne fortune dont il est bien aise de se vanter devant ses amis, bien que souvent il n'y ait pas de quoi !... Alors chacun se coupe la parole pour la prendre, et le plus fréquemment tout le monde parle à la fois ; ce qui fait qu'on ne s'écoute pas, que l'on n'entend pas les autres et que, dans tout ce brouhaha, il est bien difficile de se rappeler ce que l'on vous a dit : c'est peut-être pour cela qu'alors on est de si bonne humeur.

Cependant, parmi les cinq personnes réunies dans un joli petit salon qui a vue sur le boulevard, il en est une qui a le privilége de se faire écouter ; est-ce parce que ce monsieur a plus d'esprit que les autres ? Non vraiment, ce serait plutôt le contraire, et dans le monde, remarquez bien que ce ne sont pas les gens spirituels que l'on écoute le plus volontiers... du reste, ceux-là sont rarement bavards ; mais on ne peut pas se moquer de quelqu'un qui parle bien, et c'est si amusant de se moquer, de pouvoir s'amuser aux dépens des autres, cela vous fait croire que vous avez de l'esprit à vous qui n'en avez pas, et voilà pourquoi on écoutait volontiers M. Boniface Triffouille ; il faisait rire les quatre jeunes gens qui dînaient avec lui, et pourtant c'était l'amphitryon.... vous me direz peut-être : Raison de plus.

M. Boniface Triffouille est plus âgé que ses convives, c'est un homme qui approche de la quarantaine, un gros blond à figure rose, joviale et avenante; si l'esprit n'y brille pas, en revanche elle respire la franchise et la santé. Ces yeux bleu-faïence et à fleur de tête ont constamment un air étonné, qui n'est pas sans charme pour les personnes qui aiment cet air-là; son nez est un peu épaté, sa bouche un peu grande, mais il a de fort belles dents, dont pas une ne manque à l'appel; avec cela de vives couleurs, des cheveux qui frisent comme si c'était une perruque, une taille moyenne, un peu de ventre qu'il serre le plus possible dans son pantalon, et une jambe très-bien faite. Au total, vous voyez que M. Boniface Triffouille n'est pas un homme désagréable et qu'il peut encore arriver à plaire, surtout aux femmes qui aiment les yeux étonnés et les nez épatés et qui ne regardent l'esprit que comme du superflu.

Pour en finir avec ce personnage, disons tout de suite que M. Triffouille arrive depuis peu d'Orléans, où il est né, où il s'est marié et qu'il n'avait jamais quitté jusqu'à l'âge de trente-neuf ans; fils d'un riche négociant en vins, le jeune Boniface avait été élevé assez sévèrement par son père, qui ne lui laissait aucune autre liberté que celle d'enlever des cerfs-volants le dimanche, ou de jouer aux *Grâces* avec ses tantes.

A vingt-trois ans on avait marié Boniface avec une demoiselle qu'il connaissait à peine, mais qu'il aurait épousée les yeux fermés, tant il était las de jouer aux Grâces et d'enlever des cerfs-volants.

La demoiselle que l'on avait donnée pour compagne à Boniface avait le même âge que son mari, c'était une grande fille assez bien faite et qui aurait pu paraître jolie, sans un air sec, revêche, sévère qui semblait stéréotypé sur sa figure. C'était une vertu farouche qui était d'Orléans depuis la racine des cheveux jusqu'à la pointe des pieds.

Elle n'avait consenti à épouser Boniface Triffouille que parce qu'on lui avait assuré qu'il avait comme elle le droit de porter un bouquet blanc en fleurs d'oranger.

Les jeunes mariés marchèrent à l'autel avec un recueillement et un air de componction qui édifia toute la ville d'Orléans.

Au repas de noces, qui ne se composait presque que des parents des deux époux, Cléopâtre (c'était le nom de la mariée) ne voulut manger qu'une écrevisse, tandis que Boniface se bourrait comme un canon, mangeait de tout et voulait boire à l'avenant; mais une de ses tantes placée à côté de lui mettait toujours de l'eau dans son vin en lui disant :

— Mon neveu, le jour que l'on se marie, on ne doit pas boire de vin pur.

— Pourquoi cela, ma tante ?

— Parce que cela est inconvenant : imitez la continence de votre femme... voyez, elle ne boit pas... elle mange à peine.

— Ma tante, si je ne mangeais qu'une écrevisse

le jour de mes noces, je ne pourrais pas me soutenir le lendemain.

— Mais le vin pourrait vous porter à la tête et vous exciter à des choses indécentes à l'égard de votre femme.

— Mais, ma tante, je croyais que du moment qu'on était marié qu'on pouvait faire tout ce qu'on voulait avec sa femme.

— Erreur, mon neveu, erreur grossière ! Cléopâtre est une jeune personne trop bien élevée pour souffrir que vous lui manquiez de respect. Croyez-moi, efforcez-vous de gagner son cœur par votre soumission à ses désirs, sans quoi vous n'y arriverez jamais.

— Comment ! je n'y arriverai jamais ! se dit Boniface qui, malgré sa niaiserie, s'est fait une autre idée du mariage. Je crois que ma tante, qui est veuve depuis trente ans, a oublié pourquoi on se marie... Enfin, elle ne sera pas toujours à côté de moi... espérons-le !

Au bal, la mariée ne consent à danser une contredanse avec son mari qu'à la condition qu'il ne lèvera pas les yeux sur elle, si bien que Boniface, en tenant constamment ses regards baissés, se jette dans tous les danseurs, marche sur les pieds de tout le monde et accroche toutes les robes.

Enfin l'heure de se retirer est venue. Depuis longtemps la superbe Cléopâtre avait disparu dans un nuage de tantes et de cousines, qui avaient eu l'air de mener *Iphigénie* au sacrifice.

Boniface, qui a continué de danser tant que l'orchestre a joué, entend une voix lui dire à l'oreille :

— Vous pouvez y aller!

Le jeune marié se retourne, aperçoit un de ses oncles dont on a fait un garçon d'honneur : c'est un vieux goguenard, et très-amateur d'opéra, et qui en ce moment montre la porte à son neveu, en chantant entre ses dents :

D'Altorf les chemins sont ouverts !...

Boniface comprend qu'on lui dit d'aller se coucher, il se rend à la hâte dans le nouvel appartement qu'on a préparé pour lui et sa femme. Parvenu dans le salon qui précède sa chambre à coucher, il y trouve une nuée de tantes, de parentes, de demoiselles d'honneur qui s'écrient en le voyant :

— Trop tôt, monsieur !... beaucoup trop tôt !.. allez-vous-en, disparaissez ! et l'on pousse le marié dehors, si bien que le pauvre Boniface, ne sachant plus que devenir, est obligé d'entrer chez le portier, où il passe une demi-heure, jusqu'à ce qu'enfin il ait vu partir toutes les parentes et les demoiselles d'honneur.

Alors le marié remonte chez lui et y entre résolûment en se disant :

— Cette fois on ne me mettra plus à la porte ! on ne m'obligera plus à disparaître !

Il pénètre dans la chambre à coucher, il n'y a pas la moindre lumière ; il tâtonne, s'empare d'un flambeau dans lequel est une bougie ; puis, comme il a déjà appris à fumer, il trouve des chimiques dans sa poche ; mais, au moment où il obtient de la clarté, en frottant son allumette, une voix part de l'alcôve et s'écrie :

— N'allumez-pas ! je vous le défends ! Si vous prenez de la lumière j'appelle ma mère !

— Comment ! elle appelle sa mère ! se dit Boniface; est-ce que sa mère serait en sentinelle sur le carré ? Enfin, c'est par pudeur qu'elle ne veut pas que je la voie couchée... Il faut respecter sa volonté. Je vais me déshabiller sans chandelle, seulement, c'est incommode, parce que je ne connais pas bien les êtres de notre nouveau logement.

Boniface jette la chimique et, tout en tâtonnant, parvient à trouver un fauteuil sur lequel il se déshabille ; mais en ôtant son pantalon, il se hasarde à dire :

— Vous le voyez, Cléopâtre, je me conforme à vos désirs. Je n'allume pas : c'est un peu gênant parce que je ne sais où poser mes effets, mais enfin demain il fera jour : n'êtes-vous pas de cet avis... ô Cléopâtre, ma nouvelle moitié ?

La nouvelle moitié ne répond rien. Boniface, qui a fini par se déshabiller en jetant au hasard gilet et pantalon, se lève et marche dans la chambre en cherchant avec ses mains un petit meuble dans lequel doit se trouver un vase dont l'usage lui est devenu nécessaire ; à force d'avancer ses mains, il rencontre une petite table à dessus de marbre : alors il cherche en dessous, mais ne rencontre que du vide.

— Il paraît qu'elle est d'une nouvelle forme, se dit Boniface ; puisqu'il n'y a rien dessous, je rencontrerai peut-être ce que je cherche dessus.

En effet, en tâtant dessus, il touche sur-le-champ un objet pourvu d'une anse ; il s'en empare, s'étonne d'y trouver une ouverture si petite ; mais, pressé d'en faire usage, il l'utilise, puis le replace où il l'a pris en murmurant :

— Il est aussi d'une forme nouvelle ; il paraît qu'on nous a meublés très-élégamment. A présent, couchons-nous.

Mais en cherchant le petit meuble indispensable, Boniface avait marché dans la chambre, et il ne se rappelle plus de quel côté il a aperçu cette bienheureuse alcôve dans laquelle il doit connaître la suprême félicité. Il est tout désorienté ; mais enfin, comme l'Écriture a dit : « Cherchez et vous trouverez, » et que notre jeune homme a été élevé dans le respect des saintes Écritures, il se dit : « Cherchons, et nous trouverons ; » ce qui n'est pas toujours vrai.

Il marche donc, les mains en avant ; il touche beaucoup de choses, mais ce n'est pas ce qu'il cherche, et bientôt, en avançant trop brusquement son bras, il renverse un petit meuble qui, en tombant, fait un grand fracas, parce que la chute du meuble paraît avoir amené d'autres chutes.

Quelques mots prononcés à demi-voix et qui ont beaucoup de ressemblance avec : « Quel imbécile ! » arrivent aux oreilles de Boniface et le mettent sur la voie de ce qu'il cherchait. Il n'était qu'à deux pas de l'alcôve, et il allait encore s'en éloigner ; il se hâte de saisir les rideaux, il ne les lâche plus, il est même sur le point de les décrocher, mais heureusement les tringles sont solides ; il se dépêche alors de s'approcher du lit, il le touche, il y monte, il se fourre dedans.

Quand on en est arrivé là, que l'on se sent sous la même couverture qu'une jeune femme avec laquelle on a été devant M. le maire, il est assez naturel de croire que l'on peut user de ses droits d'époux, et Boniface, malgré son innocence ou plutôt son inexpérience, était fort disposé à user de ces droits-là. Mais la pudique Cléopâtre se tenait blottie tout contre la ruelle, d'où elle ne bougeait pas, malgré les choses tendres et galantes que son mari tâchait de lui adresser.

Ennuyé de ne recevoir aucune réponse à ce qu'il dit, Boniface pense qu'il avancera plus ses affaires par les actions que par des paroles; il se rapproche, il veut de nouveau tâtonner, mais il ne rencontre que de la toile, très-fine à la vérité, mais qui résiste à toutes les tentatives du jeune époux; la mariée avait été cousue hermétiquement dans sa chemise par les soins de la tante qui avait empêché Boniface de boire du vin pur.

— Qu'est-ce que cela signifie, madame? s'écrie enfin le marié; comment! vous vous êtes mise dans un sac?

— Non, monsieur, je ne suis point dans un sac; mais je vous prie de me laisser tranquille... sinon j'appelle ma mère!...

— Décidément la tante avait raison, murmure Boniface, en me disant que j'aurais de la peine à y arriver... ma femme est par trop farouche... mais enfin, pour la première nuit, il ne faut pas la contrarier... et puisqu'elle veut que je la laisse tranquille... dormons.

Là-dessus, notre marié, qui probablement n'était point amoureux comme un héros de roman, se retourne et s'endort profondément.

En s'éveillant assez tard le lendemain, Boniface jette les yeux dans la chambre et il est tout étonné du dégât qu'il a fait. Ses vêtements étaient épars de côté et d'autre ; mais, ce qui le surprend le plus, c'est de voir à terre une table de nuit renversée et sur le tapis des débris d'un vase nocturne qui s'est brisé en tombant avec la table de nuit.

Boniface se frotte les yeux en disant :

— Tiens ; mais si j'ai jeté la table de nuit par terre, alors ce n'est donc pas elle que j'ai cru trouver hier dans l'obscurité... et de quoi donc me suis-je servi ?

Puis ses regards parcourent la chambre, il aperçoit un petit guéridon sur lequel est une assez belle théière et une toute petite tasse ; la théière n'a pas son couvercle. Le jeune homme frémit et se dit : « Ah ! mon Dieu... est-ce que je me serais servi de la théière... fichtre ! Si ma femme savait cela, voilà qui ne me mettrait pas bien dans ses papiers... Après tout, voilà ce que c'est que de forcer un homme à se coucher sans lumière dans une chambre qu'il ne connaît pas. C'est égal, Cléopâtre dort, ou du moins elle en a l'air, levons-nous sans bruit et vidons cette théière. »

Boniface sort du lit. Il tâche de ne point faire de bruit et court s'emparer de la théière, mais alors autre embarras : dans quoi vider ce qu'elle contient, puisque le vase dont elle a fait l'office est brisé sur le parquet?

Et notre marié se promène dans la chambre, en chemise, la théière à la main, cherchant de tous côtés dans quoi il pourra la vider et ne trouvant rien qui puisse servir à cet usage. Enfin il aperçoit la porte d'un cabinet de toilette, il l'ouvre et pousse un cri de joie, parce qu'il a déjà aperçu plusieurs cuvettes; mais au moment où il se dispose à entrer dans le cabinet, toujours avec sa théière à la main, la porte de la chambre s'ouvre, son beau-père paraît, et lui crie :

— Comment, paresseux! pas encore habillé, et il est dix heures sonnées!...

— Pardon, cher beau-père, mais j'allais...

— Qu'est-ce que vous faites donc avec cette théière?... il ne faut pas jeter ce qui est dedans; ne savez-vous pas que hier au soir, avant de se mettre au lit, votre femme a eu une crise nerveuse? il a fallu lui faire une infusion de tilleul... elle en prendra sans doute encore ce matin... mais celle-ci pourra servir.

— Ah! pardon, beau-père, mais je ne crois pas que ce tilleul soit encore bon, et...

— Je vous dis de me donner cette théière et d'aller bien vite vous habiller dans votre cabinet... Si l'on vous voyait ainsi... fi donc! Et toutes ces dames qui vont venir pour savoir comment la mariée a passé la nuit... Allons, corbleu, donnez-moi cela et dépêchez-vous.

Et le beau-père, s'emparant de la théière, pousse

Boniface dans une autre chambre où il lui jette tous ses vêtements, et le marié s'habille en se disant : « Ma foi ! tant pis; après tout il en arrivera ce qu'il pourra!... ce n'est point ma faute; pourquoi ma femme ne m'a-t-elle pas permis d'avoir de la lumière ? »

Bientôt Boniface entend arriver les mères et les tantes, il n'ose plus sortir de son cabinet; bien qu'il soit habillé, il redoute une nouvelle scène. Tout à coup un grand cri arrive jusqu'à lui. C'est Cléopâtre qui vient de jeter au nez de sa tante la tasse de tilleul que celle-ci voulait absolument lui faire boire, en s'écriant qu'on veut l'empoisonner, et la tante qui répond : — C'est extraordinaire comme ce tilleul est devenu fort en une nuit!

Cette aventure n'a pas d'autre suite. Ce lendemain de noces se passe assez tristement, mais Boniface se dit : « J'aime à croire que, cette nuit, ma femme ne sera pas encore cousue dans sa chemise. »

Le pauvre Boniface se trompait; la nuit suivante, il rencontra les mêmes obstacles que la veille. Alors notre marié prit bravement son parti, au lieu de tenter un nouvel assaut, il s'endormit sur-le-champ, et, le lendemain, persuadé qu'on l'avait marié avec un sac, il n'essaya même pas de s'assurer si sa femme était encore dedans.

Mais ceci ne pouvait pas longtemps convenir à Cléopâtre; avec toute sa pudeur, elle commença à se dépiter de ce que son mari n'essayait plus de s'approcher d'elle, son amour-propre en fut blessé;

elle s'était décousue, et cela ne servait à rien... si bien que ce fut elle qui fut obligée de se rapprocher... ce qui fait bien voir qu'il ne faut jamais rien pousser à l'excès, et puis enfin, si vous voulez coudre votre chemise, ayez soin auparavant qu'elle soit bien mûre.

II

La fin d'un dîner.

Cette union dura quinze ans; elle ne fut pas toute de miel, mais elle n'amena aucune scène de discorde entre les époux. Cléopâtre ayant sur-le-champ pris l'habitude de commander, et son mari celle d'obéir, tout marcha convenablement; car du moment que, dans un ménage, l'un des époux a consenti à prendre un rôle entièrement passif, vous êtes certain d'y voir constamment régner la paix.

Je ne prétends pas dire que Boniface Triffouille se trouvait très-heureux de jouer le rôle d'une cinquième roue à un carrosse, mais enfin, il y était fait, et pourvu qu'il fît tous les soirs sa partie de *Jacquet* avec un ami, il se trouvait satisfait, surtout lorsqu'il amenait le double cinq en commençant la partie.

Cependant, lorsqu'au bout de quinze ans d'hymen Cléopâtre mourut, Boniface ne versa pas des larmes bien amères; il fut seulement surpris de sa nouvelle position, très-surpris surtout de pouvoir faire ses volontés depuis le matin jusqu'au soir; cela l'embarrassa même dans les commencements, et plus d'une fois il demanda à sa bonne la permission de sortir.

Enfin, petit à petit il s'habitua à être son maître. Alors, comme il n'avait plus de parents pour contrôler ses actions, comme sa femme ne lui avait pas donné d'enfants, bien qu'elle eût tout à fait renoncé à se coudre dans sa chemise; comme il avait à peu près douze mille francs de rente et qu'il ne savait comment employer son temps, l'idée lui vint de se rendre à Paris, qu'il ne connaissait pas, parce que sa femme n'avait jamais voulu lui permettre d'y aller.

Et un beau matin, Boniface Triffouille était arrivé dans la grande ville, où il était certain de trouver beaucoup de personnes de sa connaissance, et entre autres un certain M. Calvados, qui était aussi d'Orléans, mais qui depuis sept ans était venu se fixer à Paris, où il s'était marié.

L'aspect de Paris avait d'abord ébloui, émerveillé Boniface, ses yeux avaient eu l'air encore plus étonnés qu'à l'ordinaire, mais il s'était hâté de se rendre dans toutes les maisons pour lesquelles il avait des recommandations, afin de se faire donner des renseignements et de faire des connaissances. Rien n'est plus facile à Paris, pour quelqu'un qui a de la fortune et ne demande qu'à s'amuser. C'est pourquoi Boniface Triffouille, qui n'y était que depuis six semaines, s'était déjà lié avec quatre jeunes gens qu'il avait rencontrés dans des maisons tierces, ou au café, et qu'il avait trouvés infiniment plus aimables, plus gais que son ancien ami Calvados, et voilà comment un jour il avait donné à ses nouveaux amis un joli dîner chez le traiteur où nous le voyons en ce moment, versant à ses convives du vin de Corton qui est soigneusement couché dans un panier.

Maintenant deux mots sur les quatre convives de Boniface : deux sont dans le commerce, un troisième est artiste graveur sur bois, et le quatrième fait, à ce qu'il dit, sa fortune à la Bourse. Ce dernier, assez bel homme, mais bien infatué de sa personne et portant toute sa barbe, bien qu'elle tourne un peu au roux, se nomme Lucien Bardecourt; c'est un de ces jeunes gens comme il y en a tant, qui prétend qu'aucune femme ne lui a jamais résisté; c'est un sultan qui n'a qu'à jeter un mouchoir, un *medium* qui fascine les dames, rien que par son regard et sa volonté. Les jolies femmes qu'il rencontre n'ont qu'à bien se tenir; et encore elles auront beau faire, si ce monsieur veut les séduire, il les séduira !... à ce qu'il dit.

Le graveur sur bois se nomme Édouard Roger, il a vingt-cinq ans, une figure expressive, sympathique, de grands yeux bleu foncé, à la fois tendres et doux, de ces figures un peu mélancoliques qui font facilement la conquête d'une femme, et sans avoir besoin pour cela de la fasciner, il a de l'esprit, de l'éducation, mais il a déjà été trompé par deux maîtresses qu'il aimait beaucoup, ce qui l'a rendu très-méfiant, et il a juré de ne plus aimer sérieusement aucune femme... Serment d'ivrogne!... qui a bu boira; il y a beaucoup d'analogie entre le vin et l'amour.

Quant aux commerçants, le plus jeune a vingt-deux ans, il en paraît dix-huit; il est petit, fort laid et se croit gentil, parle à tort et à travers, veut faire de l'embarras, de l'esbrouffe, ment comme un dentiste, les trois quarts du temps ne se souvient pas de ce qu'il a dit, et se fait presque continuellement moquer de lui par ses camarades; on l'a surnommé *le Toqué*, et c'est en effet le nom qui lui convient le mieux, bien qu'il se nomme Sibille Peloton.

Vous vous étonnerez peut-être qu'un homme de l'âge de Boniface Triffouille ait pu devenir l'ami d'un jeune homme, on pourrait presque dire d'un gamin, comme M. Peloton; mais le petit Toqué était presque sans cesse avec son cousin, l'autre commerçant; celui-ci, Ernest Miroir, est un grand garçon de vingt-sept ans, fort gai, fort aimable, un véritable farceur dont la société est très-recherchée par les personnes qui aiment à rire. Le petit Toqué se glissait partout à l'ombre de son cousin, et on finissait par le recevoir, parce qu'au fond il n'était pas méchant et que ses *blagues* ne faisaient de tort qu'à lui-même.

— Et maintenant, messieurs, passons au champagne! dit M. Boniface en faisant un signe au garçon.

— Oh! oui, le champagne! s'écrie le petit Sibille en sautant sur sa chaise; voilà mon vin, à moi! Dernièrement j'ai fait un dîner avec des actrices et des acteurs, nous n'avons bu que du champagne frappé tout le temps du dîner !...

— Tu l'étais aussi frappé, toi, probablement ?

— Comment... je ne comprends pas ! C'est drôle, mon cousin me dit toujours des choses que je ne comprends pas : heureusement ça m'est égal.

— Et ce dîner-là, est-ce toi qui l'a payé ?

— Non, mais j'en ai payé ma part... cinquante francs... nous étions quatre hommes et six dames... ce n'est pas trop cher...

— Quel petit blagueur ! Puisque tu dépenses cinquante francs pour un dîner, pourquoi donc ne me rends-tu pas les dix francs que tu m'as empruntés y a huit jours ?

Le jeune Peloton fait semblant de ne pas entendre ; il s'écrie :

— Ah ! que M. Triffouille m'a amusé avec l'histoire de sa femme qui s'était cousue la première nuit de ses noces !

— Je vous assure, monsieur, que je ne vous ai dit que l'exacte vérité.

— Oh ! mais je vous crois, monsieur : d'ailleurs je sais bien plus fort que cela ! un de mes amis, qui s'était marié aussi, et la nuit de ses noces, quand il s'est couché... qu'est-ce qu'il sent, entre lui et sa femme ? une planche ! une énorme planche entre eux et qui les séparait !

— Mais c'était peut-être une planche à bouteilles ?

— Ah ! ah ! ah ! elle est bonne celle-là... Je vois que vous connaissez l'anecdote.

— Sibille, tu nous contes des choses trop connues, il faut tâcher de renouveler ton répertoire.

— Bon ! voilà encore mon cousin qui tombe sur moi !... il voudrait faire croire à M. Triffouille que je suis bête.

— Je te promets que je ne me donnerai pas la moindre peine pour cela.

— Messieurs, vous êtes tous très-aimables, et je vous remercie beaucoup d'avoir bien voulu accepter mon invitation ; mais maintenant, je ne vous le cacherai pas, j'ai eu un but en vous réunissant aujourd'hui, j'ai voulu m'entourer de vos lumières, vous demander vos conseils pour certaine chose ; car, bien que je sois plus âgé que vous, je n'ai pas, il s'en faut, votre expérience pour cette chose-là.

— Qu'est-ce donc, monsieur Triffouille ?

— Parlez... que voulez-vous de nous ?

— Expliquez-vous, et croyez que nous serons très-heureux si nous pouvons vous être utiles.

— Eh bien, messieurs, voilà ce que c'est : je vous ai conté ma vie ; elle a été bien simple... vous avez pu voir que j'en ai peu connu les plaisirs... mais enfin me voilà veuf, me voilà mon maître, me voilà à Paris... Eh bien, que me manque-t-il pour y être parfaitement heureux ?... c'est une maîtresse !... Je n'ai pas de maîtresse, messieurs, et je ne sais pas comment on se procure cela.

— Et vous comptez sur nous pour vous en procurer une ! dit Ernest en riant. Elle est bonne, la proposition !... Vous voulez donc que nous vous servions de conseiller Bonneau... pour ne pas dire plus ?...

— A ! messieurs, n'allez pas croire... je n'ai pas voulu dire...

— Rassurez-vous, monsieur, dit Edouard, Ernest plaisante suivant son habitude... nous savons très-bien que vous nous demandez seulement des conseils, des avis... enfin, comment on se conduit à Paris avec une femme qui nous plaît.

— C'est cela même, mon cher monsieur Roger, c'est cela... car enfin, par maîtresse, je n'entends pas une femme que l'on prend et que l'on quitte à la première occasion... tel n'est pas mon désir. Je voudrais faire une connaissance... presque honnête, une personne à qui je pourrais donner le bras de temps en temps et mener au spectacle, avoir sans peur de me compromettre...

— Hum ! c'est bien difficile alors...

— Mais non, mais non ! s'écrie le petit Peloton. Vous vous voulez une maîtresse, monsieur Triffouille, demain je vous en ferai avoir quatre, si vous voulez, et toutes plus jolies les unes que les autres...

— Comment ! quatre tout de suite !

— Monsieur, n'écoutez donc pas ce que dit ce petit Toqué, et surtout méfiez-vous des femmes qu'il vous ferait connaître ; vous pourriez vous repentir d'avoir fait leur conquête.

— Bon ! voilà encore mon cousin qui cherche à me nuire... Quel vilain parent j'ai là !

— Mon cher monsieur Boniface Triffouille, dit le jeune homme barbu, en se posant en arrière de sa chaise et prenant un air railleur qui lui est assez habituel, c'est sans doute pour vous moquer de nous que vous nous demandez comment il faut s'y prendre pour faire une maîtresse ?

— Non, monsieur Lucien, je vous jure que je parle très-sérieusement...

— Mais c'est le pont aux ânes que cela !... un enfant de deux jours vous le dirait... Eh ! d'ailleurs, des maîtresses ! est-ce qu'on n'en a pas tant que l'on veut ?... est-ce que les femmes ne sont pas trop heureuses, quand nous jetons sur elles un regard bienveillant ?

— Ma foi, depuis que je suis à Paris, j'ai jeté beaucoup de regards... bienveillants, sur les dames qui me plaisaient beaucoup, et je vous certifie que cela ne m'a pas paru les rendre trop heureuses... Oh ! assurément j'ai rencontré dans mes promenades des femmes gentilles et qui m'ont fait de l'œil... comme vous dites, je crois, messieurs, mais celles-là, je voyais bien vite ce que c'était, et leur conquête ne me flattait nullement.

— Quant à moi, cher monsieur, reprend le jeune homme barbu, en continuant de se dandiner sur sa chaise, je vous dirai que toutes les fois que j'ai eu envie d'une femme, elle a été ma maîtresse, et sans la moindre difficulté.

— Comment toutes ! vous n'avez jamais éprouvé de résistance ?

— De ces résistances de convention, si vous voulez, mais qui ne sont que pour la forme, et que l'on est certain d'avance de vaincre.

— Ma foi, vous êtes bien heureux ; mais, avec tout cela, je ne suis pas plus avancé...

— Voyons, messieurs, dit le joyeux Ernest

après avoir jeté dans son gosier un verre de champagne, il faut cependant faire quelque chose pour notre aimable amphitryon.

— Mais puisque moi je lui en procurerai tant qu'il voudra des maîtresses.

— Toi, Toqué, on te prie de te taire... Je crois, pour mettre M. Triffouille en mesure de trouver ce qu'il cherche, qu'il faut d'abord l'éclairer sur la classe de femmes à laquelle il doit s'adresser de préférence. Je sais bien que dans ces sortes de liaisons, le hasard nous sert quelquefois beaucoup mieux que tous nos calculs; mais comme on ne peut pas compter sur le hasard, il faut partir d'un point : vous voudriez une maîtresse qui vous fût fidèle... ou du moins qui en eût l'air, ce qui revient au même ?

— Je ne trouve pas que cela revienne au même, je préférerais qu'elle me fût réellement fidèle.

— Ah ! si vous allez tout de suite demander un phénix... un merle blanc... une poule aux œufs d'or... vous ne trouverez rien du tout.

— Je me tais, messieurs ; continuez.

— Cette femme... à peu près sage, il ne faut pas la chercher parmi les grisettes... on vous a peut-être dit qu'il n'y en avait plus à Paris... c'est un bruit que quelques écrivains ont fait courir, parce qu'ils ne savent pas les trouver ; moi, je vous certifie qu'il y en a toujours ; car comment nommerez-vous ces petites ouvrières qui courent à la Closerie des Lilas avec les étudiants, et qui passeraient la nuit au travail, afin de pouvoir, le lendemain, faire une partie de campagne et manger une omelette soufflée ?... ce sont bien des grisettes, mais ces demoiselles aiment le changement ; ensuite elles ont mauvais genre, ce n'est donc pas par-là qu'il faut vous adresser. Nous avons ensuite les lorettes : celles-là ne connaissent que l'argent et ne se donnent même pas la peine de faire semblant de vous être fidèles. Ce n'est pas encore là ce qu'il vous faut. Dans le monde, dans la société, on peut rencontrer une femme mariée ou veuve, qui soit sensible à nos hommages ; mais alors il y a mille précautions à prendre pour que la réputation de votre dame ne souffre pas de sa faiblesse pour vous.

— Non, non ! ce n'est pas encore cela qu'il me faut... puisque je vous dis que je veux pouvoir mener ma connaissance au spectacle et me promener avec elle.

— Attendez... nous arrivons à ce qui pourrait vous aller... aux demoiselles de magasin.

— Oui, oui ! s'écrie le petit Peloton, les demoiselles de magasin... c'est ce que j'allais proposer.

— Fais-nous donc le plaisir de te taire.. tu n'as pas la parole.

— Si je veux la prendre !

— Si tu m'ennuies, je vais t'enfermer dans le *ater-Closet !*

— Ah ! que mon cousin me rend malheureux !...

— Fort bien, dit M. Boniface. Me voilà sur la voie : c'est aux demoiselles de magasin que je dois m'adresser pour faire une petite connaissance.

— Ah ! permettez, mon cher monsieur Triffouille, je n'entends pas vous dire par là que vous réussirez tout de suite et que ces demoiselles accepteront sur-le-champ vos propositions. Il y a dans cette classe, comme dans toutes, des jeunes personnes honnêtes, sages, qui étudient le commerce, afin de s'établir plus tard, et à coup sûr ce ne sont pas celles-là qui vous écouteront. Mais il en est aussi qui sont libres d'elles-mêmes, qui ont des idées d'indépendance ou de chaînes d'or et de chapeaux à la mode ; près de celles-là vous avez la chance d'être écouté, et alors vous aurez une maîtresse qui aura l'air de vous être fidèle, qui le sera peut-être... on ne sait pas, cela s'est vu. Vous pourrez la mener promener et lui donner le bras, elle aura une tenue décente et convenable... sauf les exceptions... Vous aurez ensuite l'avantage de ne point pouvoir être avec elle souvent; car il faut qu'elle aille à son magasin, qu'elle y travaille; les sorties sont rares... c'est bien précieux pour vous... une maîtresse qu'on ne peut posséder que le dimanche et une fois dans la semaine... c'est une trouvaille... c'est une liaison qui peut durer un an, et même davantage. Mais surtout ne faites pas la folie de lui faire quitter son magasin pour la prendre avec vous... Vous seriez perdu !... vous verriez votre bonheur s'évanouir en fumée, et les ennuis remplacer les plaisirs. Voilà, mon cher monsieur, tout ce que je puis vous dire touchant les demoiselles de magasin.

— Cela me suffit, j'en sais assez... voilà mon affaire... une demoiselle de magasin, tel va être mon but... la conquête qu'il me faut. Ah ! plus qu'une question... où en trouve-t-on ?

Les quatre convives de M. Boniface éclatèrent de rire, et Ernest lui dit :

— C'est absolument comme si vous nous demandiez où l'on trouve des petits pâtés... ordinairement chez les pâtissiers.

— Vous avez parfaitement raison ; c'est moi qui me suis mal expliqué. Je voulais vous dire : dans quel magasin dois-je aller de préférence ?

— Ah ! ceci est une autre question... il y a de fort jolies demoiselles chez les lingères, les fleuristes, les plumassières, les modistes, les parfumeuses, enfin dans tous les magasins où l'on est servi par des femmes ; seulement les lingères ont plus de tenue que les modistes ; les fleuristes sont, dit-on, plus folâtres que les parfumeuses ; les plumassières doivent être plus légères que les confectionneuses...

— Oui ; mais quels sont les quartiers où les demoiselles de boutique sont en plus grand nombre ?

— Maintenant il serait fort difficile de vous renseigner à cet égard... Paris n'est plus ce qu'il était autrefois... Jadis, chaque corps d'ouvriers, chaque marchand avait une rue particulière, laquelle prenait le nom de son commerce, comme la rue de la Parcheminerie, de la Ferronnerie, de la Heaumerie, de la Coutellerie...

— La rue aux Ours, murmure Peloton.

— Toi, dit Ernest, j'étais sûr que tu m'interromprais pour dire une bêtise, car on n'a jamais vendu d'ours à Paris. Les mauvais lieux étaient sur le bord de l'eau, et c'est de là qu'ils ont tiré leurs noms, ainsi que les rues du grand et du potit *Hurleur*, que l'on nommait jadis *Hue-le*, nom qui leur fut donné, parce qu'étant pleines de mauvais lieux, dès qu'un homme y entrait, il était facile de deviner ce qu'il y allait faire et le peuple disait aux enfants : Crie après lui, *hue-le !*

— Mon cousin connaît son histoire de Paris ! il enfonce *Dulaure !*

— Sibille, tu devrais bien tâcher de connaître tes marchandises, toi ! et de ne pas faire perdre tes commanditaires en vendant à un franc cinquante ce qui leur revient à deux francs...

— Ah ! mon Dieu ! pour une petite erreur... ça arrive à tout le monde.

— Oui, à tous ceux qui font des boulettes... Mais pardon, mon cher monsieur Triffouille, nous avons, il me semble, perdu de vue les demoiselles de magasin...

— Mon cher Ernest, dit l'artiste, je crois que le meilleur endroit à indiquer à monsieur, c'est la rue Saint-Denis... la rue Saint-Honoré... la rue de Rivoli...

— Et la rue Vivienne, dit Peloton.

— Et croyez-moi, ne vous amusez pas à soupirer... à filer le parfait amour... Allez tout de suite au but, déclarez-vous, faites vos offres, et dès que l'occasion se présentera, soyez audacieux... Vous savez le proverbe latin : *Audaces fortuna juvat !*

— Merci, messieurs, infiniment obligé. Je me rappellerai vos conseils, et dès que j'aurai mon affaire...

— Vous nous en ferez part ?

— Pas positivement, mais je vous en instruirai.

Le dîner s'était prolongé, il est dix heures du soir lorsque ces messieurs sortent de chez le traiteur. L'artiste se rappelle qu'on l'attend chez son éditeur ; le monsieur barbu a un rendez-vous galant ; le joyeux Ernest va faire un lansquenet. Mais le petit Sibille Peloton dit tout bas à M. Boniface Triffouille : — Laissez-les aller, et venez avec moi... Je vais tout de suite vous faire faire connaissance avec une demoiselle de magasin.

— En vérité ?

— Parole d'honneur ! Mon cousin se moque toujours de moi, je le laisse dire... parce qu'il est mon cousin ; mais vous verrez que je ne suis pas plus bête que ces messieurs... et j'ai peut-être eu plus d'aventures qu'eux...

— Je vous en crois bien capable. Où me menez-vous ?

— Rue de Rivoli : c'est l'heure où celles qui n'y couchent pas sortent de leur magasin ; si nous en manquons une, il est impossible que nous n'en attrapions pas une autre.

III

Les bonnes fortunes de Sibille Peloton.

Il est très-probable que, dans toute autre occasion, notre veuf d'Orléans n'aurait pas voulu s'aventurer à la recherche d'une bonne fortune avec un jeune homme qui aurait pu être son fils ; mais il faut bien se rappeler que ces messieurs sortaient de table où ils étaient restés fort longtemps, qu'ils avaient bu force vins généreux, enfin qu'ils avaient une petite pointe, et surtout l'amphitryon, qui avait cru devoir donner l'exemple à ses convives. Quand on est dans cette situation, on ne se conduit plus comme on le ferait de sang-froid. Boniface Triffouille était donc dans les meilleures dispositions pour faire des folies, et il croyait à toutes les blagues que son jeune compagnon lui débitait : que le mot *blague* ne vous effarouche pas, il sera incessamment dans le dictionnaire.

Ces messieurs marchent assez vite, ils ont hâte de gagner la rue de Rivoli, ce qui n'est pas tout proche, en partant du boulevard Poissonnière.

Le petit Sibille Peloton a passé son bras sous celui de M. Triffouille, avec lequel il est déjà comme s'ils avaient été à l'école ensemble. A chaque instant ces messieurs ne sont plus au pas, mais Sibille saute pour s'y remettre, et c'est lui qui parle presque toujours ; il se dédommage du silence que lui impose souvent son cousin.

— Voyez-vous, mon cher monsieur Boniface Triffouille... Ah ! avec les femmes il ne faut jamais donner que son petit nom... Vous entendez, je ne vous appellerai que Boniface...

— Très-bien, comme vous voudrez, ça m'est parfaitement égal.

— Je vous dirai donc, monsieur Boniface, que les demoiselles de magasin, c'est ma partie à moi qui suis dans le commerce... ça me connaît, parce que je les connais, j'ai journellement affaire dans leur magasin.

— Pardon, quel commerce faites-vous, vous, monsieur Peloton ?

— Appelez-moi Sibille, c'est mon petit nom.

— Ah! c'est juste. Eh bien, monsieur Sibille, dans quelle partie êtes-vous ?

— Vous pouvez même ne m'appeler que Bibille, toutes ces demoiselles me nomment ainsi : c'est mon petit nom en amours.

— Bibille, je le veux bien... va pour Bibille... Je vous demandais...

— Vous me demandiez dans quelle partie j'étais. Je suis dans le blanc... les calicots, les madapolams, les cretonnes; mais je vais changer, je vais me mettre dans la soierie... c'est plus important, et on fait plus de femmes dans la soierie que dans le blanc...

— Ah! vraiment, et pourquoi cela ?

— Parce que les femmes adorent la soie... Vous ne trouverez pas une femme, fille ou dame, qui ne soit folle de la soierie.

— Au fait, c'est vrai... je suis fâché de ne point avoir élevé des vers à soie...

— Nous voilà dans la rue de Rivoli.

— Ah! bravo! par où allons-nous commencer ?

— Nous allons commencer par entrer au café prendre du punch... il n'y a rien qui pousse à la galanterie comme le punch.

— Je me sentais déjà très-disposé à être galant... c'est égal, si vous croyez que le punch nous rendra plus séducteurs, prenons-en, je ne demande pas mieux.

On entre dans un café; le petit jeune homme ne manque pas de parler très-haut, de faire beaucoup de bruit en se dirigeant vers une table, de façon à attirer sur lui l'attention de toutes les personnes qui sont dans le café. C'est un genre commun aux sots et aux intrigants, mais qui produit encore son effet sur les imbéciles.

— Tenez, monsieur Boniface, mettons-nous là... à cette table... Non, nous serons mieux là-bas... plus à notre aise... Oh! je suis un habitué, moi... je sais où l'on est le moins dérangé... Garçon!... ohé, garçon!... du punch! un punch flambant et soigné...

— A quoi le voulez-vous, messieurs?

— A quoi? Monsieur Boniface, comment prenons-nous le punch?... dites votre goût.

— Cela m'est absolument égal...

— Eh bien, prenons-le au rhum... Vous entendez, garçon! Ah! non... je réfléchis, c'est plus agréable au kirsch... Qu'en dites-vous, monsieur Boniface?... ça vous va-t-il au kirsch?

— Mais oui, très-volontiers... d'autant plus que je n'en ai jamais pris comme cela.

— Garçon, vous entendez! mon ami Boniface que voilà, et qui arrive d'Orléans, ne connaît pas le punch au kirsch... il y a une foule de choses qu'il ne connaît pas et que je me charge de lui faire connaître; distinguez-vous donc et servez-nous un punch numéro un!

Toutes les personnes qui sont dans le café savent déjà que le monsieur qui est avec le petit jeune homme qui fait tant d'esbrouffe s'appelle Boniface et qu'il arrive d'Orléans. Cela fait rire les uns, hausser les épaules aux autres, et dire à deux joueurs de domino :

— Voilà Peloton qui vient encore nous ennuyer, nous abasourdir... Quelle fichue pratique pour un café !

— Il paraît que ce soir il a trouvé un jobard qui lui paye du punch.

— Ils me font l'effet d'être déjà gris tous les deux.

Cependant le kirsch est apporté. Sibille en verse à son vis-à-vis, puis à lui, et en boit deux verres avant que M. Triffouille ait fini de souffler sur le sien. Puis il crie : — Garçon ! dites donc, garçon !... il n'est pas sucré, ce punch-là... remettez-nous du sucre là-dedans... beaucoup de sucre... N'est-ce pas, mon cher monsieur Boniface, que ce n'est pas assez doux ?

Boniface, qui finit à peine de souffler, essaye de goûter et répond : — Moi, je le trouve bon, seulement un peu chaud... je ne sais pas comment vous faites pour boire si chaud que cela...

— L'habitude, j'ai un palais en fer...

Le garçon remporte en murmurant ce qui reste le punch, et Sibille reprend :

— Voyez-vous, monsieur Boniface, à Paris, il faut savoir se faire servir... sans quoi on est dupe... mais, moi, on me sert au doigt et à l'œil, parce qu'on me connaît ; on sait que je ne suis pas d'humeur à prendre ce qui n'est pas bon...

— Dites donc, monsieur Sibille... ou Bibille,... il me semble qu'il va être dix heures et demie... est-ce que vous ne craignez pas que les demoiselles de magasin ne soient couchées quand nous irons à leur recherche ?

— Oh! non pas... à Paris on ne ferme pas sitôt que cela : vous n'êtes pas ici à Orléans... Je sais l'heure à laquelle Fanfinette sort de sa boutique.

— Qu'est-ce que Fanfinette ?

— Une charmante modiste, brune piquante, faite comme les amours... très-gaie, très-rieuse, très-bonne enfant.

— C'est votre maîtresse ?

— Oui... c'est-à-dire pas encore tout à fait, mais elle va l'être... Elle ne couche pas à son magasin... ce soir, c'est justement samedi!... demain, par conséquent, on est libre; je vais l'emmener ce soir avec moi, et demain au bois de Boulogne, on calèche, dîner au pavillon d'Armenonville, le soir chez Mabille... journée complète! Moi, quand je m'y mets, je ne me refuse rien... il faut jouir de sa jeunesse... n'est-ce pas, mon cher monsieur Boniface ?

— Certainement; et quand on n'a pas joui de sa jeunesse, il faut jouir de son âge mûr, parce que si on attendait toujours, ça nous mènerait trop loin, et on ne jouirait jamais.

Le garçon apporte le punch. Sibille en boit deux verres coup sur coup, en disant ; — Il n'est plus assez fort... il lui faudrait plus de kirsch!...

— Oh! pour ce qu'il en reste, ce n'est pas la peine, dit Boniface, en se hâtant de remplir son verre, parce qu'il voit qu'il a affaire à un gaillard qui avalerait tout à lui seul.

— Ah ça ! mais, dites-moi donc, jeune homme, dit Boniface après avoir bu, vous me parlez d'une demoiselle Fanfinette, charmante modiste, que vous allez retrouver et emmener; dans tout cela je ne vois pas pour moi la plus petite connaissance à faire.

— Soyez donc tranquille ! Fanfinette ne s'en va jamais seule, elle aura avec elle une amie, une autre demoiselle de boutique. Celle-là, vous lui offrirez votre bras, et elle l'acceptera... Je dirai que vous êtes un nabab... un chercheur d'or !

— C'est dommage. Ah ! voilà un magasin de lingerie, permettez-moi de regarder les lingères.

— C'est inutile; elles couchent dans la maison, elles ne sortiront pas.

— Vous en êtes sûr ?

— Très-sûr... est-ce que je ne prends pas des informations...

— Tant pis ! il y a encore là des figures qui me plairaient beaucoup.

— Venez donc, Boniface ; si nous nous arrêtons à chaque pas, nous n'arriverons jamais.

— Oh ! les femmes !.. on a beau dire, c'est bien gentil; et depuis que je suis veuf, je les apprécie bien mieux... Qu'est-ce que ce magasin-là ?

— Un cordonnier. Je pense que vous ne voudriez pas d'une bordeuse de souliers ou d'une piqueuse de bottines, ce n'est pas assez huppé...

— Dame ! si pourtant elles étaient bien jolies...

L'amour doit être démocrate... d'autant plus qu'il est sans culottes... Après cela, Larochefoucauld dit qu'il y a plusieurs sortes d'amours... ou du moins différentes copies... Avez-vous lu Larochefoucauld?

— Je n'en suis pas sûr.

— C'est un écrivain bien spirituel, bien profond... trop profond même, car il nous ôte toutes nos illusions...

— Ah! sapristi, mon cher Boniface, ce n'est pas le moment de nous occuper de vos auteurs...

— Et vos demoiselles?... je n'en vois pas l'ombre...

— Chut! attendez, en voilà une justement.

Une jeune fille, grosse, courte, ramassée, mise fort modestement et tenant un panier à son bras, venait du côté des deux flâneurs. Elle s'arrête devant le petit Peloton, en s'écriant : — Tiens! Bibille?... Ah! cette rencontre!

— Bonsoir, Bouoi-boula : où allez-vous ainsi, jeune fleuriste?

— Où je vais? mais ne savez-vous pas que, le samedi, je vais coucher chez mes parents, à Montmartre, parce que je passe le dimanche avec eux, puis, le soir, je reviens à ma petite chambre... je pourrais dire à notre petite chambre, nous y demeurons trois : Marie, Thélénie et moi.

— C'est vrai... j'avais oublié ces détails... Et vos compagnes de logement, où sont-elles en ce moment?

— Elles doivent être montées se coucher; mais

je me sauve, car il est tard... Voilà tout ce que vous payez?

— Ma chère Bouoi-boula, je vous offrirais volontiers du punch ou une limonade, mais vous voyez que je suis avec du monde... et on nous attend, mon ami Boniface et moi.

— Oh! d'ailleurs, vous êtes un petit ladre... vous promettez toujours, mais vous ne donnez jamais rien... Je vous connais... il y a six mois que vous me promettez deux sous de galette et je les attends encore.

— Par exemple! J'ai voulu vingt fois vous mener chez un pâtissier...

— Oui, quand vous saviez que je ne pouvais pas quitter le magasin! Bonsoir, petit Toqué...

Et la jeune fleuriste s'éloigne en courant.

— Comment la trouvez-vous? demande Sibille à son compagnon.

— Elle est très-ronde, mais elle n'est pas jolie... C'est donc une Algérienne, une Kabyle?

— Non, elle est de Montmartre; pourquoi la supposez-vous Africaine?

— Vous l'appelez Bouci-boula... il me semble que ce doit être un nom de femme au moins arabe.

— C'est le nom qu'on donne au 69 au loto, et nous avons ainsi surnommé Tontaine, parce qu'elle est aussi grosse par en haut que par en bas, c'est une vraie boule.

— Ah! je comprends... C'est égal, à la place de mademoiselle Tontaine, je ne voudrais pas que l'on m'appelât Bouci-boula.

— Oh! elle est bonne enfant, elle ne se fâche jamais; mais c'est une gourmande. Ah! vous la feriez courir tout Paris pour un poulet rôti.

— Est-ce qu'elle a été votre maîtresse?

— Merci! je n'aime pas les boules de loto! Avançons, mon cher Boniface, nous ne sommes plus loin du magasin de modes dans lequel travaille Fanfinette...

— Elle ne couche donc pas à son magasin, celle-là?

— Oh! non: c'est une gaillarde qui a voulu être libre, elle n'entend pas être tenue, et puis en général les modistes ont leur chambre.

— Est-ce qu'elles y demeurent trois comme mademoiselle Bouci-boula?

— Assez ordinairement elles logent plusieurs ensemble; vous comprenez que c'est une économie pour des jeunes filles qui gagnent fort peu.

— Ce n'est donc pas leur magasin qui les loge?

— Si, assez souvent; mais dans ce cas-là on leur donne encore de petites chambres dans les mansardes, et il est rare qu'on n'en fourre pas plusieurs dans la même chambre. Tenez, voyez-vous ce magasin de lingerie à gauche?...

— C'est là qu'est votre belle?

— Non, puisqu'elle est dans les modes, mais il y a là une bien jolie personne... mademoiselle Marie! Oh! elle est joliment lorgnée, celle-là...

— A-t-elle un amant?

— On ne lui en connaît pas encore, elle passe

pour très-sage... mais je la guigne... et avant peu... Suffit...

— Vraiment? et mademoiselle Fanfinette?...

— Mon cher Boniface, qui n'a qu'une maîtresse n'en a pas...

— Diable! vous m'ébouriffez! Et celui qui n'en a pas?

— Celui-là en cherche... Dans le magasin de parfumerie à côté, il y a aussi une certaine Thélénie qui est bien séduisante, bien piquante... Une véritable Andalouse; des yeux plus grands que sa bouche!... des cheveux noirs comme de l'encre! et des hanches!.. ah! des hanches comme la *Camera-Petra*... Avez-vous connu la Camera-Petra?

— Non; c'était une demoiselle de magasin?

— Eh non; c'était une danseuse espagnole qui pinçait les jota, les boléros, les cachutcha d'une façon un peu soignée!...

— Je n'ai jamais vu les danseuses espagnoles; elles sont venues à Orléans en représentation, mais ma femme ne m'a pas permis d'y aller.

— Ah! ah! ce pauvre Boniface! vous aviez une femme qui portait les culottes.

— Pas des culottes, mais des pantalons qui descendaient à mi-jambes, elle n'aurait point fait un pas dans la rue sans cela... et un jour... oh! je me rappellerai toujours cela! non, c'était un soir; Cléopâtre se trouva mal chez le sous-préfet, parce que son pantalon s'était défait et était tombé sur ses talons.

— Moi, je déteste les pantalons aux femmes, c'est ridicule, c'est bête, ça ne devrait pas être permis; car, enfin, si nous mettions des jupons, nous, par-dessus nos culottes, est-ce qu'on le souffrirait? non, on nous le défendrait; eh bien alors, défendez les pantalons à ces dames! n'est-ce pas, Boniface, que j'ai raison?

— Ma foi, oui. Au reste, je n'aime pas plus que vous les pantalons sous une robe.

— Alors, pourquoi permettiez-vous à votre femme d'en porter?

— Oh! ma femme! ça m'était bien égal.

— Ah! farceur!... ah! scélérat!... j'aime cette réponse... elle vous attire mon estime. Attention! nous arrivons. Voilà, là-bas, le magasin de Fanfinette. Tiens, il est fermé!

— Alors elle est partie?

— C'est pas possible... elle doit m'attendre... Ah! voyez-vous, deux femmes sortent de la porte bâtarde; je reconnais la démarche aisée de ma modiste... elle a une compagne avec elle... je ne sais pas qui, mais qu'importe, ce sera votre affaire. Vous le voyez, gros Boniface, je ne vous avais pas trompé.

— En effet, oui... ces deux personnes viennent de ce côté... elles ne se donnent pas le bras.

— Les femmes ne se donnent jamais le bras; ça les gênerait pour se retrousser. Produisons-nous.

Une grande demoiselle, svelte, élancée, et se donnant, en marchant, une tournure assez provocante, s'avançait avec une autre jeune personne petite, mince, gentille, mais dont la démarche était beaucoup moins assurée que celle de sa compagne. Ces demoiselles causaient et la plus grande riait à chaque instant aux éclats, puis se retroussait très-haut, en disant :

— Tiens, il y a de la crotte, il a donc plu ce soir? comme c'est amusant! vous verrez qu'il ne fera pas beau demain?... moi qui voulais aller me rouler sur l'herbe. Aimes-tu la campagne, toi, Nanine?

— Oh! non, ça m'ennuie, j'aime bien mieux Paris.

— Comme c'est bien la réponse d'une fille de la nature!...

En ce moment le petit Sibille aborde la modiste, en lui disant :

— Bonsoir et hommage à l'adorable Fanfinette !

— Tiens, c'est Bibille... Qu'est-ce que vous faites donc là?

— Mais je vous attendais en me promenant avec mon ami Boniface... que j'ai l'honneur de vous présenter... un ex-habitant d'Orléans, possédant cent mille francs de rente qu'il vient manger à Paris.

Mademoiselle Fanfinette fait un salut très-gracieux à Boniface qui, de son côté, se confond en salutations et jette des regards de côté sur l'autre demoiselle qui ne dit rien et tient ses yeux baissés.

— Et pourquoi m'attendiez-vous, petit Peloton, reprend la modiste après avoir encore examiné Boniface Triffouille.

— Comment, pourquoi... mais pour vous donner mon bras et vous offrir à souper... ainsi

qu'à mademoiselle votre compagne... que je n'ai
pas l'avantage de connaître...

— Je le crois bien, elle n'est à Paris que depuis
deux jours...

— Raison de plus pour lui procurer de l'agrément... Mon ami qui a cent mille francs de
rente va lui donner le bras... Boniface, donne
ton bras à mademoiselle...

— Mais non, mais non... Qu'est-ce qui lui
prend donc à ce petit Bibille?... Je ne veux pas
du tout aller souper avec vous, moi... Je ne vous
ai jamais promis cela.

— Oh! vous me l'avez fait espérer!...

— Ce n'est pas vrai, vous mentez; je ne vous
ai jamais rien fait espérer...

— Est-elle méchante!... soupons toujours. Vous
aimez les écrevisses bordelaises, le homard, le
saumon... nous en prendrons...

— Plus que ça de poisson! vous voulez donc
nous étouffer?...

— Boniface, prends le bras de mademoiselle...

— Mais non, encore une fois!... J'attends
quelqu'un qui devait se trouver ici... et ce n'est pas
vous!

— O délicieuse Fanfinette! ne soyez pas si
cruelle... vous qui aimez tant les soupers...

— C'est possible, mais c'est selon avec qui.

— Vous voyez bien que celui que vous atten-
diez ne viendra pas...

— Oh! s'il me jouait ce tour-là!... il n'aurait
qu'à porter son amour ailleurs...

— Il est onze heures et demie bientôt, vous avez affaire à un infidèle...

— Il n'est pas encore onze heures et demie, Alexandre va venir...

— Ah! il se nomme Alexandre... Fi! peut-on aimer un homme qui s'appelle Alexandre!

— Eh bien, pourquoi pas? Je vous conseille de parler, vous, qui vous nommez Sibille! un nom de vieille sorcière...

— Est-elle mauvaise!... Voyons, passez votre bras sous le mien... Boniface, prends donc le bras de mademoiselle Nanine... le homard et les écrevisses nous attendent...

Mademoiselle Fanfinette commence à hésiter, parce qu'elle ne voit pas arriver celui qu'elle attendait; le petit Peloton s'aperçoit qu'elle faiblit, et saisit son bras qu'il passe vivement sous le sien; voyant cela, mademoiselle Nanine croit devoir prendre le bras que le monsieur qui est à côté d'elle lui tend depuis quelques instants.

— Après tout, s'écrie la modiste, un souper à quatre, c'est sans conséquence! et puis c'est la faute d'Alexandre! pourquoi ne se trouve-t-il pas au rendez-vous?...

— Oui! oui! c'est sa faute! les absents ont tort, dit Sibille. Allons, en marche et vive la gaieté! Nous allons faire un petit souper, tout ce qu'il y aura de plus régence, de plus fin, de plus délicat... Vous verrez comme Boniface fait les choses!...

— C'est donc votre ami qui régale?

— C'est-à-dire, c'est moi qui commande, mais

c'est lui qui paye; c'est sa manie, il ne veut jamais laisser payer les autres!

Les deux couples se mettent en route, Sibille en avant avec sa jolie modiste, à laquelle il parle presque dans le nez et qui lui dit à chaque minute en le repoussant :

— Tenez-vous mieux que ça, ou je vous lâche le bras.

Boniface Triffouille, un peu derrière, tenant sous son bras une jeune fille fort gentille, et cherchant dans sa tête ce qu'il pourrait lui dire de galant pour entamer la conversation, et n'ayant encore trouvé que ces mots : — Il y a de la crotte... Oh! c'est étonnant comme il y a de la crotte!

Mais les deux couples n'ont pas fait cent pas qu'un grand jeune homme qui courait derrière eux les atteint, les dépasse, et va se placer devant mademoiselle Fanfinette et son cavalier, auxquels il barre le passage en disant à la modiste d'un ton courroucé :

— Où allez-vous donc comme ça?

— Tiens! c'est Alexandre!

— Oui, c'est moi : au lieu de m'attendre devant votre magasin comme c'était convenu, vous filez avec un autre... c'est encore gentil.

— Pourquoi n'arrivez-vous pas à l'heure ? je n'aime pas attendre, moi...

— C'est bon, nous allons éclaircir cela tout à l'heure... Voyons, monsieur, lâchez le bras de mademoiselle... c'est le mien qu'elle doit prendre.

— Comment! que je lâche le bras de mademoiselle ! répond Sibille en se faisant une grosse voix et se tenant sur ses pointes pour paraître plus grand. Mademoiselle est avec moi... Pourquoi voulez-vous que je la quitte?

— Pas tant de raisons ! lâchez son bras bien vite !

— Et si je ne veux pas, moi?

— Ah! c'est comme cela!... Je vais te le faire lâcher!... attends.

Et le grand Alexandre applique au petit Sibille un coup de pied dans le derrière qui le fait sauter à six pas plus loin. Mademoiselle Fanfinette crie, le jeune Peloton crie, et la demoiselle qui est au bras de M. Boniface crie encore plus fort et l'entraîne loin de là en lui disant :

— On se bat !... on se bat !... Ah ! sauvons-nous, monsieur... ils vont nous battre aussi... j'ai peur des hommes qui se battent.

IV

Promenade nocturne.

La jeune fille, afin de mieux courir, avait quitté le bras de son cavalier. Celui-ci courait après elle, en essayant de la rassurer, en lui disant : — Mademoiselle, n'ayez donc pas peur !... cela ne nous regarde pas... c'est une querelle entre eux... ne courez pas si fort... vous vous ferez du mal... si vous tombiez, vous vous crotteriez...

Enfin la jeune fille est bien forcée de s'arrêter, car la respiration lui manquait. Boniface la rejoint, il souffle comme un bœuf; il commence à être moins enchanté de sa bonne fortune.

Se battent-ils toujours, monsieur ? demande mademoiselle Nanine toute suffoquée.

— Comment voulez-vous que je le sache, mademoiselle ? vous vous êtes sauvée tout de suite... Voilà cinq minutes que nous courons à travers les rues ! nous devons être fort loin d'eux maintenant.

— Vous croyez... Ah! c'est que j'avais si peur!... et puis, quand je suis partie de chez nous, ma mère m'avait tant dit : Quand tu seras à Paris, ne va jamais dans les foules, sauve-toi quand tu verras du monde se battre.

— Vous vous êtes parfaitement souvenue des conseils de madame votre mère. Certainement, ils sont fort sages. Mais ici ce n'était pas positivement une bataille... c'était une querelle particulière... il paraît que ce M. Alexandre est jaloux et fort emporté... Ah çà, mademoiselle Fanfinette, votre amie, n'avait donc pas donné rendez-vous à ce jeune homme qui était avec moi ?

— Oh! non, monsieur, ma cousine n'attendait que Alexandre...

— Alors, mon jeune compagnon m'a menti; je commence à croire que cela lui arrive souvent... C'est comme lorsqu'il a dit que j'avais cent mille francs de rente...

— Ce n'est donc pas vrai, monsieur?

— Nullement! Je n'en ai que douze mille, mais

je m'en contente, je me trouve très-heureux comme cela...

— Oh! je crois bien... ça fait plus de trente sous par jour, n'est-ce pas, monsieur?

— Oh! oui... ça fait plus que cela. Mademoiselle Fanfinette est donc votre cousine?

— Oui, monsieur, cousine germaine; et comme des personnes du pays nous ont dit qu'elle était très-pimpante à Paris et en chemin pour faire fortune, alors ma mère m'a dit : « Tu vas aller trouver ta cousine, qui gagne beaucoup d'argent à Paris, tandis qu'ici, tu as beau travailler et faire des petits bonnets, tu n'amasseras jamais de quoi t'établir... » Mais Fanfinette doit être inquiète de moi... il faut aller la retrouver, monsieur... Croyez-vous que ces messieurs ne se battent plus?

— S'ils se battaient toujours depuis le temps que nous les avons quittés, ils seraient bien endommagés en ce moment! mais ce n'est pas présumable... et puis je ne les ai pas vus positivement se battre ; j'ai vu ce M. Alexandre donner un coup de pied au petit Sibille, et celui-ci lâcher le bras de mademoiselle Fanfinette, en criant comme un âne : voilà tout...

— Ah! moi j'ai eu si peur, j'ai cru que tout le monde se battait... Allons vite les retrouver...

— C'est facile à dire... mais il s'agit de retrouver son chemin. Où sommes-nous ici? Connaissez-vous Paris, mademoiselle?

— Pas du tout, monsieur; j'y suis d'avant-hier seulement. Je suis allée tout de suite chez un de mes oncles qui est portier, et qui m'a fait conduire au magasin de ma cousine.

— Où avez-vous couché?

— Chez ma cousine, monsieur.

— Où demeure-t-elle?

— Ah! je ne sais pas!

— Diable! diable! tout cela devient embarrassant. Je ne connais guère mieux Paris que vous... bien que j'y sois depuis six semaines.

— Et votre ami, qui vous tutoie, il doit aussi vous chercher...

— Mon ami, qui me tutoie, je ne le connais pas mieux que Paris; je m'étais trouvé plusieurs fois avec lui et son cousin... un jeune homme qui est fort bien... aujourd'hui, j'ai offert à dîner à ces messieurs... et je commence à m'apercevoir que j'ai eu tort de me laisser piloter par ce petit Sibille... qui veut qu'on l'appelle Bibille. Enfin, j'aime à croire que tout cela s'arrangera. Tâchons d'abord de retrouver votre cousine Fanfinette; reprenez mon bras, mademoiselle, et remettons-nous en route.

Mademoiselle Nanine reprend le bras de M. Triffouille, qui regarde autour de lui, en disant : — C'est une espèce de carrefour ici... Vous souvenez-vous par où nous y sommes venus?

— Oh! non, monsieur, pas du tout.

— Enfin, nous étions rue de Rivoli, n'est-ce pas?

— Oui, monsieur; le magasin de modes de Fanfinette est dans cette rue-là.

— Seulement, nous ne savons pas le numéro...

et j'ai entendu dire que cette rue-là était extrêmement longue... Après tout, nous demanderons notre chemin...

— Mais il doit être tard, il ne passe plus guère de monde... Monsieur, si nous allions être attaqués par des voleurs !

— Allons donc, mademoiselle ! Est-ce qu'il y a des voleurs dans les rues de Paris !...

— Vous croyez qu'il n'y en a pas ?

— Dans les maisons, je ne dis pas ! mais dans les rues, jamais ! Il passe trop de monde, c'est trop bien éclairé... les spectacles finissent fort tard, tout cela fait qu'il n'y a point de danger... Il me semble que nous sommes arrivés par ce côté... reprenons par-là...

La jeune fille serre avec force le bras de son compagnon ; en tout autre moment, Boniface en aurait tressailli de plaisir, mais toutes nos sensations sont soumises aux circonstances dans lesquelles nous les éprouvons ; et maintenant que les fumées du vin et du punch commençaient à se dissiper, notre provincial n'est plus aussi avide de conquête ; d'ailleurs les manières, le langage de mademoiselle Nanine, et le peu qu'elle lui avait dit sur sa position, suffisaient pour faire voir que cette jeune fille, qui arrivait de son pays, était encore honnête et tout à fait sans expérience. Boniface voulait bien faire une connaissance, mais il ne voulait séduire personne ; il cherchait une maîtresse qui eût de l'acquit, qui ne fût pas à son début en fait de galanterie ; il était trop honnête homme pour chercher à entraîner une jeune fille

innocente dans une mauvaise route, et se disait :
« Ce petit Sibille m'a trompé, il devait me faire
connaître une demoiselle de magasin, il me jette
sur les bras une campagnarde qui est à Paris
d'avant-hier!... il prétendait que la modiste l'attendait avec une amie, ce n'était pas vrai; à l'avenir, je me méfierai de M. Bibille. »

Après avoir marché quelque temps, Boniface et
mademoiselle Nanine se trouvent sur une place
assez grande, au milieu de laquelle est un homme
à cheval sur un piédestal.

La jeune fille pousse un cri : — Ah! qu'est-ce
que c'est que cela!... voyez donc, monsieur, ce
grand géant sur un cheval qui a une queue de
serpent!

— Ne vous effrayez pas, mademoiselle, ce doit
être... oui, c'est une statue...

— Vous croyez, monsieur?

— Assurément : dans cette position-là, un vrai
cheval ne resterait pas aussi longtemps les jambes
en l'air sans bouger... ceci me semble logique.
Tenez, avançons; vous voyez, c'est une statue.

— C'est égal, ça me fait peur... s'il allait galoper sur nous!...

— Ce doit être Louis XIII, ou Louis XIV, ou
Louis XV... oh! non, on n'a pas élevé de statues
à celui-là...

— Pourquoi n'en a-t-on pas fait à ce roi-là,
monsieur?

— Mademoiselle, parce qu'il avait eu un Parc-aux-Cerfs infiniment trop peuplé.

— Qu'est-ce que c'est qu'un Parc-aux-Cerfs, monsieur?

— Je vous expliquerai cela une autre fois; en ce moment cela nous distrairait, et nous empêcherait de nous orienter. Où diable sommes-nous?... nous n'étions pas encore passés par ici... ah! bon, voilà qu'il pleut à présent... Il y a là des voitures, je vous offrirais bien d'en prendre une, mais où dirions-nous au cocher de nous conduire?

— Oh! monsieur, je ne veux pas aller en voiture sans ma cousine.

— D'ailleurs, ce ne serait pas le moyen de la retrouver... ah! une idée...

M. Boniface s'approche d'une voiture, et crie au cocher, qui est étendu sur un siége :

— Cocher, où sommes-nous, s'il vous plaît?

Le cocher se frotte les yeux, se redresse et murmure :

— Voilà, bourgeois, montez!...

— Nous ne voulons pas prendre votre voiture, mais je vous demande où nous sommes ici?

Ah çà! est-ce qu'il se fiche de moi, ce particulier-là?... de me réveiller pour me demander où il est!... Quand vous aurez fini vos farces! je ne la trouve pas bonne celle-là.

— Mais encore une fois, c'est un renseignement que je vous demande.

— Quand on ne sait pas son chemin, on prend une voiture et on ne va pas à pied... Il a une femme sous le bras, et il ne peut pas lui payer une voiture... en voilà un pané!... je suis sûr qu'il attend l'omnibus!...

Et le cocher se recouche sur son siége, tandis que ses camarades se mettent tous à rire, en se permettant des plaisanteries fort inconvenantes sur ce monsieur qui ne sait pas où il est. Boniface entraîne sa compagne vers la première rue qu'il aperçoit en lui disant : — Venez, mademoiselle ne restons pas près de ces butors, car je sens la colère qui me prend... et ce n'est pas le cas de m'y laisser aller... On assure que les cochers de Paris sont honnêtes, mais en voilà qui ne sont guère polis !

— Monsieur, si nous appelions Fanfinette, elle nous entendrait peut-être ?

— Ce n'est pas probable... et ne pas savoir le nom de cette place où nous étions... car certainement c'était une place.

— Oh! oui c'était une place de voitures...

— Heureusement la pluie est peu de chose...

— Mais toutes les boutiques sont fermées, il est plus de minuit...

Ah! j'aperçois un homme devant nous... un homme en blouse, mais j'aime mieux cela, les ouvriers sont en général plus obligeants que les dandys. Pressons le pas... je vais lui demander où nous sommes.

— S'il vous reçoit comme le cocher, je me sauverai, moi !

— Il ne peut pas croire que nous voulons monter dans sa voiture, puisqu'il n'en a pas. Ohé !... dites-donc, monsieur, pardon si je vous arrête...

L'individu auquel M. Triffouille vient de s'adresser est un ouvrier menuisier, qui a reçu sa paye, parce que c'est samedi, et qui, tout en regagnant son garni, a déjà fait plusieurs stations dans les cabarets qui se sont trouvés sur sa route. Cet homme qui a le vin querelleur, parlait tout seul et jurait après le dernier cabaretier qui venait de le mettre à la porte parce qu'il était l'heure de fermer. Lorsqu'il s'entend apostropher par Boniface, il lui met le poing sous le nez en lui disant : — Tu m'arrêtes, toi !... tu m'arrêtes !... parce que je veux encore boire ; parce que ton cabaretier est un *feignant* qui renvoie les pratiques quand elles ont envie de *rigoler* !... mais essaie donc un peu de m'arrêter, pour voir !... je te vas donner une tripotée... je te roule ici... tiens là... et ça ne sera pas long..

— Monsieur, vous vous méprenez !... je n'ai jamais eu l'intention de vous arrêter. Dieu m'en garde ! je voulais seulement vous demander le nom de la place que...

— C'est pas tout ça... Tu m'as dit : Je vous arrête !... T'es une canaille !... je veux te montrer que Dubut n'a pas froid aux yeux... Allons, aligne-toi que je te cogne.

Mademoiselle Nanine n'en écoute pas davantage ; elle pousse un cri, lâche le bras de son cavalier, et se sauve. M. Boniface, qui ne se soucie nullement de faire le coup de poing avec un ivrogne, se met à courir après la jeune fille, et M. Dubut, en se lançant de toute sa force contre celui qu'il veut frapper, ne rencontrant que du vide, tombe sur le pavé où il vocifère et jure en s'écriant : — Il a fui le lâche !... que je te rattrape... attends un peu !...

Boniface n'avait garde d'attendre ; il courait de nouveau après sa jeune compagne en lui criant :

— Mademoiselle !... de grâce !... arrêtez-vous !... Si vous allez toujours comme cela, nous allons donc passer la nuit à courir dans les rues de Paris ; ça ne sera pas amusant ! attendez-moi donc. Ah ! ma foi, tant pis, si vous ne voulez pas m'attendre, vous courrez toute seule... J'en ai assez, moi, j'ai la rate enflée...

Et, en effet, M. Triffouilla s'arrête et s'asseoit sur une borne contre une porte cochère, et quand mademoiselle Nanine voit que son cavalier ne court plus après elle, elle s'arrête aussi, parce qu'elle n'a pas envie de se trouver seule dans les rues. Puis elle revient même vers Boniface, en lui disant de loin :

— Est-il encore sur vos talons ?

— Qui cela, mademoiselle ?

— Ce vilain homme qui voulait vous donner une tripotée ?

— Eh ! non, mademoiselle, il n'est pas sur mes talons, il n'y a jamais été... il est étendu sur le pavé où il s'est jeté lui-même... cet homme était gris... je ne pouvais pas deviner cela ! il a pris de travers ce que je lui ai dit. Comment voulez-vous faire entendre raison à un ivrogne ?... c'est égal, je ne m'adresserai plus aux gens en blouse.

— Ah ! monsieur, je vous en prie, ne vous adressez plus à personne pour demander où nous sommes, vous voyez que cela ne nous réussit pas.

— Comme vous voudrez, mademoiselle ; cependant quand on ne connaît pas une ville, il est bien difficile de trouver son chemin sans demander.

Je connais la Madeleine, c'est au bout des boulevards, pas loin de la rue de Rivoli et de l'embarcadère par lequel je suis arrivée à Paris, rue Saint-Lazare.

— Veniez-vous de loin ?

— De Caen, monsieur.

— Ah ! vous êtes Normande.

— Oui, monsieur. Fanfinette demeure tout près de la Madeleine ; si j'étais là, je retrouverais sa maison.

— Diable... mais il faudrait d'abord trouver la Madeleine ; moi, je demeure rue des Enfants-Rouges, au Marais ; ce n'est pas du même côté, à ce que je crois... d'ailleurs, où sommes-nous à présent ?... cette nouvelle course m'a tout désorienté.,. Ah ! voilà un passant en habit, je vais...

La jeune fille se jette sur le bras de Boniface et le retient en s'écriant :

— Ne lui demandez pas où nous sommes, monsieur, je vous en prie, car il voudrait aussi nous battre.

— Puisque vous le voulez... Cependant je ne puis pas me persuader que dans les rues de Paris, on rosse toutes les personnes qui demandent leur chemin... ce ne serait pas un moyen pour y attirer les étrangers et même les provinciaux.

— Marchons, monsieur, marchons vite, nous rencontrerons Fanfinette.

— Marchons, soit.. Ah ! bon, voilà la pluie qui reprend.

— Oh ! cela m'est égal, je n'ai rien à gâter.

— Moi, j'ai un chapeau tout neuf ; enfin, c'est un sacrifice à faire...

Le couple se remet en marche. Au bout de quelque temps, mademoiselle Nanine se met tout à coup à crier d'une voix pleurarde :

— Fanfinette !... ma cousine... es-tu par là ? réponds-moi !...

— Mon enfant, croyez-moi, ne criez pas comme ça, dit Triffouille en s'arrêtant. Si vous pleurez et si vous appelez ainsi, on va croire que je vous emmène de force... que je vous ai enlevée à votre famille... on m'arrêtera... cela nous causera encore des désagréments.

— Vous croyez, monsieur... alors je n'appellerai plus. Ah ! quel bonheur ! nous voilà sur les boulevards ! oh ! nous nous retrouverons ici.

En débouchant d'une rue, Boniface et sa compagne venaient, en effet, de se trouver sur un vaste boulevard, fort bien éclairé au gaz. Ils se sentent soulagés, ils sont tout joyeux et se disent :

— Par ici, nous ne nous égarerons plus.

— Et puis au moins c'est un beau chemin.

— Il faut aller tout droit et nous arriverons à la Madeleine.

— Oui, mais faut-il tourner à droite ou à gauche ?... si nous nous trompons, nous nous éloignerons au lieu d'arriver... vous voyez bien, mademoiselle, qu'il faut absolument que nous demandions.

— C'est vrai ! oh ! prenez bien garde.

— Tenez, voilà un monsieur qui passe avec une dame sous le bras, il n'est pas possible que ces gens-là se fâchent de ce que je vais leur demander.

Et s'approchant, le chapeau à la main, des personnes qui viennent de leur côté, Boniface murmure :

— Mille pardons, monsieur ; nous ne connaissons pas bien Paris... de quel côté devons-nous prendre pour arriver...

— A l'embarcadère ? dit le monsieur.

— Oui, oui! s'écrie la jeune Nanine... près de l'embarcadère...

— Suivez tout droit par là... et il sera devant vous, il n'y a pas à vous tromper.

— Infiniment obligés, monsieur et madame...

— Il n'y a pas de quoi.

Les personnes s'éloignent. Boniface et la demoiselle marchent avec confiance du côté qu'on leur a indiqué.

— Voilà des gens polis, au moins!

— C'est vrai ; ils ne se sont pas mis en colère, ceux-là... parce que nous leur demandions notre chemin.

— J'allais lui demander la Madeleine, moi.

— Il nous a dit l'embarcadère, c'est la même chose, puisque c'est tout près de la Madeleine.

— Nous pouvons avancer avec sécurité. Quand vous serez chez votre cousine, je tâcherai de trouver une voiture pour me faire conduire chez moi.

— Vous êtes fatigué, monsieur?

— Ma foi, nous avions dîné au coin du faubourg Poissonnière ; de là à la rue de Rivoli c'était déjà loin,

— Je suis bien fâchée de toute la peine que je vous cause, monsieur.

— Oh! mademoiselle, ceci n'est rien... ce serait plutôt un plaisir... si... s'il ne pleuvait pas. Et que comptez-vous faire à Paris, mademoiselle Nanine... car c'est ainsi qu'on vous nomme, je crois?

— Oui, monsieur, Nanine Caillette. Ma cousine doit me placer, me faire entrer dans un magasin de mercerie, parce que, pour les modes, elle dit que je ne suis pas encore assez au courant de Paris.

— Fort bien ; oui, je conçois, en effet, que pour être modiste, il faille... connaître les modes.

— Comme c'est long les boulevards.

— Oh! très-long ; et nous n'avons pas l'air d'être au bout... heureusement c'est très-bien éclairé... C'est drôle, je les ai parcourus déjà plusieurs fois le jour, et le soir je ne les reconnais pas, ils ont un autre aspect... je ne les croyais pas si larges.

— Enfin, il faudra bien que nous arrivions.

— Espérons-le ; mais il paraît qu'en courant, nous nous étions bien éloignés de la demeure de votre cousine.

— Je commence à être un peu fatiguée aussi.

— Je le crois... depuis le temps que nous marchons.

— Ah! quel boulevard! il est donc éternel!

— Il y en a plusieurs qui se suivent et changent de nom, à ce que je crois.

— Comme c'est grand Paris!

— Oh! oui... et on a reculé les barrières ; il est encore plus grand qu'il ne l'était.

— On a dû allonger ce boulevard-ci.

— C'est bien possible... c'est un embellissement.

— Mon Dieu! je n'en puis plus... est-ce qu'il faudra marcher toute la nuit ?

— Un peu de courage... Tenez, dans l'éloignement, j'aperçois beaucoup de lumières...

— Ce doit être la Madeleine... Ah! avançons... allons plus vite.

— Je ne demande pas mieux... C'est égal, ce boulevard a plus d'une demi-lieue.

Nos deux piétons doublent le pas: ils arrivent enfin devant l'immense bâtiment qui termine le boulevard. La jeune fille ouvre de grands yeux, en disant:

— Mon Dieu! je ne reconnais pas la place de la Madeleine !

— Ni moi non plus ! s'écrie Boniface, et pourtant j'y suis allé deux fois. Oh ! tant pis... voilà des voitures... tous les cochers ne m'avaleront pas. Cocher ! ohé ! s'il vous plaît... Est-ce que nous ne sommes pas arrivés à la Madeleine, ici ?

— A la Madeleine !... oh ! vous en êtes loin, bourgeois... c'est l'embarcadère de Strasbourg, ici.

— De Strasbourg ! ah ! miséricorde !...

— Nous ne sommes donc pas rue Saint-Lazare, monsieur ?

— Non, mademoiselle... c'est le boulevard de Strasbourg, ici.

— Ah ! mon Dieu ? que je suis malheureuse !... je vais coucher dans la rue !...

Et mademoiselle Nanine se met à pleurer.

— Rassurez-vous, mon enfant, dit Boniface. Je ne vous laisserai certainement pas coucher dans la rue... Mais vous m'avez parlé d'un oncle, portier, chez lequel vous êtes descendue d'abord en arrivant à Paris ; vous saviez donc son adresse à celui-là ?

— Oui, monsieur... c'était rue de Chabrol, 11, un commissionnaire m'y a conduite.

— Rue de Chabrol, dit le cocher, mais vous y êtes, tenez, à votre gauche, la voilà, et le numéro 11 est tout proche.

— Il serait possible... nous sommes si près de mon oncle Poulard !...

— Alors, mon enfant, je vais vous conduire chez lui, il vous donnera à coucher, et demain vous renverra chez votre cousine...

— Mais, je ne sais pas si mon oncle voudra me donner à coucher... quand je suis arrivée chez lui, il y a trois jours, il m'a bien vite fait conduire chez Fanfinette, en me disant : Je n'ai pas de place pour toi ici, je ne peux pas te garder du tout.

— C'est d'un bon oncle ! mais il faudra pourtant bien qu'il vous garde cette nuit... allons vite rue de Chabrol... ne nous trompons plus... C'est bien celle-là, n'est-ce pas cocher ?

— Oui, oui... vous y entrez...

— Merci !

Cette fois nos coureurs de nuit trouvent bientôt ce qu'ils cherchent. Mademoiselle Nanine reconnaît même la maison où elle est venue déjà. On sonne à une porte bâtarde. La porte reste close, on sonne de nouveau, puis encore.

— Il paraît que l'oncle Poulard a l'oreille dure, dit Boniface.

— Il dort peut-être, et si tous les locataires sont rentrés, il n'ouvrira pas.

— Oh! par exemple, je casserais plutôt le ressort de la sonnette.

— Enfin une voix se fait entendre : — Qui est-ce qui se permet de sonner à démantibuler mon ressort... Tout mon monde est rentré... attendez-moi, polissons ! Je vais vous jeter mon vase sur la tête...

— Non, monsieur Poulard, vous ne nous jetterez rien sur la tête, car c'est votre nièce Nanine que je vous amène, et qui vous prie de lui donner à coucher...

— Oui, mon oncle, c'est moi... J'ai perdu Fanfinette dans la rue... je n'ai pas pu la retrouver... je suis avec un monsieur bien honnête qui a manqué deux fois d'être battu en demandant notre chemin... Ouvrez, s'il vous plaît !

On est quelques instants sans répondre. Enfin la voix reprend : — Quel galimatias me faites-vous là?... ma nièce dans la rue à une heure et demie du matin... belle conduite ! et avec un monsieur qu'on a voulu rosser... C'est pas vrai... Si c'est ma nièce, qu'elle aille chez sa cousine, moi je n'ai que ma loge, et à peine de la place pour mon poêle...

— Mon oncle, je passerai la nuit sur une chaise, mais par grâce ouvrez-moi, je tombe de fatigue.

— Ah ! sacrebleu ! monsieur Poulard ! si vous

n'ouvrez pas à votre nièce, je casse votre sonnette, je casse vos carreaux, j'appelle la garde, les pompiers, je leur dis que le feu est chez vous.

Ces menaces effrayent probablement M. Poulard, car la porte s'ouvre, Boniface s'empresse de pousser mademoiselle Nanine dans l'allée et de refermer la porte sur elle. Puis il s'éloigne vivement en se disant :

— Ouf !... Voilà une bonne fortune dont je me souviendrai ! à présent, prenons vite un fiacre et faisons-nous conduire chez moi.

V

Une chambre pour trois demoiselles.

C'était dans une belle maison neuve de la rue de Rivoli, et qui avait au rez-de-chaussée deux fort belles boutiques : une de lingère, et l'autre de parfumeries. Par une convention établie entre les deux marchands, et pour économiser leurs frais, ils avaient loué, tout au haut de la maison, une seule chambre dans laquelle ils logeaient chacun une de leurs demoiselles de magasin, et de plus celle d'une fleuriste qui avait établi son commerce à l'entresol. On n'avait pas demandé aux trois jeunes filles si cela leur serait agréable de loger en commun, les patrons n'ont pas pour habitude de consulter leurs commis ou leurs apprenties, pour ce qu'ils jugent à propos de faire.

Du reste, la chambre était passablement grande, fort bien éclairée et tendue de papier très-frais ; elle eût été très-convenable pour une personne seule ; mais pour trois, elle était bien exiguë. Il y avait trois lits, ce qui prenait déjà beaucoup de place, bien que l'un d'eux fût placé dans un renfoncement ; deux avaient des rideaux. Le troisième, qui n'était qu'un lit de sangle, paraissait fort peu soigné et rarement fait. Près du lit placé dans le renfoncement, et dont les rideaux en perse rose et blanc étaient soigneusement relevés, était une petite commode en noyer, mais bien cirée, bien reluisante ; sur la commode un miroir, deux jolis chandeliers, une cassette et plusieurs de ces petits objets sans valeur qui seraient indignes de l'étagère d'une femme à la mode, mais qui sont précieux pour une ouvrière qui en pare sa chambre.

Près de l'autre couchette, qui était entourée de rideaux de mousseline blanche, mais très-chiffonnés et passablement sales, était une fort belle psyché, placée de manière à ce que la personne qui était dans le lit pût se voir dedans. Derrière la psyché était une grande malle, au-dessus un porte-manteau après lequel pendaient des jupes et autres vêtements de femme.

Enfin, sous le lit de sangle, était une caisse en bois blanc, fermant avec un cadenas ; sur la caisse un petit miroir, plusieurs bas et un corset en état de réparation. Une petite table d'un carré long, en bois, montée sur quatre pieds, dont un était plus court que les autres, avec un tiroir et des croûtes de pain dedans, était placée contre le lit de sangle. N'oublions pas six chaises pareilles et fort modestes qui doivent appartenir à la chambre, et une cheminée dans laquelle on ne fait jamais de feu, mais qui sert à mettre les vieux souliers et les bottines hors d'état de service.

Cette chambre était habitée par mesdemoiselles Marie, Thélénie et Tontaine surnommée Bouciboula.

Marie est demoiselle de boutique dans le magasin de la lingère; depuis près de trois ans qu'elle y est, jamais on n'a eu à se plaindre ni de son travail ni de sa conduite; elle a dix-huit ans et demi; c'est une charmante personne : sa taille est plutôt grande que moyenne, mais elle est bien faite, il y a dans ses moindres mouvements quelque chose de gracieux et presque d'élégant, sans que cela soit ni étudié ni prétentieux. Son pied est petit et très-cambré, sa jambe bien faite et sa main mignonne; mais elle ne cherche nullement à tirer parti de tous ces avantages et, dans la rue, ne se retrousse jamais de façon à laisser voir ses mollets.

Sa figure est bien, surtout fort agréable, ce que n'ont pas toujours les visages les plus beaux; son teint est pâle, elle ne brille donc pas par cette extrême fraîcheur qui est souvent toute la beauté d'une jeune fille; mais ses grands yeux bruns sont pleins de charme et de douceur, son front est haut, ses cheveux bruns sont toujours nattés et lissés avec soin : c'est la seule coquetterie de Marie. Enfin, il y a dans cette jeune fille quelque chose qui attire et inspire la sympathie; et lorsqu'elle parle, le timbre agréable de sa voix ajoute encore au plaisir qu'on éprouve à la voir.

Ses compagnes ne lui reprochent que d'être trop sérieuse et de ne point aimer à s'amuser. A cela, Marie répond en souriant :

— Vous vous amusez à la promenade, à la danse ; moi, je me plais davantage à lire... chacun à son goût; suivez le vôtre, mais laissez-moi suivre le mien.

Quant aux hommes, il n'en est pas un qui ne désire plaire à Marie. Dans son magasin, il n'y a pour seconde demoiselle qu'une vieille fille assez laide ; naturellement, tous les hommages se sont tournés vers la jolie fille, mais les galants en ont été pour leurs œillades, leurs soupirs et les billets doux que quelquefois ils se permettaient de glisser à Marie, qui, devant eux, les déchirait tranquillement sans les lire, et en jetait les morceaux à ses pieds.

Quand les amoureux voient qu'on ne veut pas d'eux, ils finissent ordinairement par plier bagage, à moins d'avoir affaire à des *Antony*, à des *Lovelace*, à des *Richelieu*, mais ces séducteurs-là ne se rencontrent plus guère qu'au théâtre; peut-être est-ce parce qu'à la ville, ils n'ont pas besoin de tant se mettre en frais pour triompher.

Lorsqu'on vit que la charmante Marie ne voulait pas avoir d'amant, on cessa de lui faire des déclarations, des propositions, de l'accabler de billets doux et de la guetter dans la rue. Elle en fut très-contente, ce qui prouve qu'elle n'était pas coquette... Il y a donc des femmes qui ne sont pas coquettes ? — Assurément, elles ne sont pas en grande quantité, mais enfin il y en a.

C'est mademoiselle Marie qui couchait dans le petit renfoncement, qui avait des rideaux de perse bien frais et une commode bien cirée, enfin qui tenait extrêmement propre le coin de la pièce qui lui appartenait; car ces demoiselles n'ayant qu'une chambre pour trois, en avaient adopté chacune une partie, et pour que l'une n'empiétât pas sur le domaine de l'autre, avec un morceau de blanc d'Espagne, elles avaient, sur le carreau, tracé les lignes de démarcation, ne laissant de commun qu'un petit carré à l'entrée de la chambre, et qui était censé le parloir.

Le lit à rideaux de mousseline, la psyché et la malle placée derrière sont dans la partie de la chambre adjugée à mademoiselle Thélénie, qui est demoiselle dans le magasin de parfums, de cosmétiques, de savons et de flacons.

Mademoiselle Thélénie a vingt et un ans ; c'est une grande et belle fille, robuste mais bien bâtie : elle a les épaules larges, les hanches bien accusées et la jambe un peu forte mais bien tournée ; son teint est légèrement brun et tout en elle annonce de ces natures chaudes, impétueuses, ardentes au plaisir, et que rien n'intimide ; enfin, de ces femmes dont les volontés ne plient point facilement devant les autres. Mademoiselle Thélénie a une fort jolie tête, des cheveux très-noirs, des yeux de la même couleur, tour à tour tendres, voluptueux et passionnés; ses sourcils sont fins et bien arqués, sa bouche petite, ses lèvres un peu fortes mais roses, gracieuses, souriantes et laissant voir de belles dents; tout cela forme un ensemble très-séduisant, et cette demoiselle y ajoute encore par de petites mines coquettes, quand elle voit qu'elle est lorgnée par un joli garçon.

Mais si elle est coquette, du moins Thélénie ne s'en cache pas; elle ne connaît pas de plus grand bonheur que de plaire, de faire des conquêtes. Inutile de dire qu'elle adore la toilette; aussi est-elle bienheureuse de posséder une psyché, cadeau qui, soi-disant, lui a été fait par un de ses oncles. Pour elle, une psyché est le meuble le plus nécessaire, le plus indispensable, et si elle se trouvait avoir absolument besoin d'argent, elle aimerait mieux vendre ses matelas et coucher sur une planche que de se défaire de cette belle glace, dans laquelle elle peut se voir de la tête aux pieds.

Avec de telles dispositions au plaisir, à la parure, on doit présumer que la belle Thélénie ne rebutait pas les galants. Cependant, pour être écouté par elle, il était indispensable d'être fort bien mis, de suivre les modes, d'avoir de l'argent à dépenser et de porter des gants.

Du reste, cette jeune fille n'était point méchante; elle aimait à obliger; quand elle était en fonds, son bonheur était de régaler ses amies, ses compagnes; un peu vive, un peu emportée quand on la contrariait, elle se réconciliait aussi promptement qu'elle s'était fâchée. Il n'y avait qu'un point sur lequel elle n'entendait pas raison : il ne fallait pas chercher à lui enlever ses amoureux ; alors c'était une lionne, et elle eût été capable de tout pour se venger.

La dernière demoiselle de magasin qui fait partie de cette trilogie, est mademoiselle Tontaine, dite Bouci-boula, que nous avons déjà rencontrée le soir, allant retrouver ses parents à Montmartre. Celle-ci est employée dans le magasin de fleurs artificielles situé à l'entresol. Vous savez que c'est une grosse fille toute ronde, ni belle ni laide, qui est excessivement gourmande, et adore surtout le poulet rôti, d'autant plus qu'il est bien rare qu'elle en mange.

C'est mademoiselle Tontaine qui possède la partie de la chambre où l'on trouve un lit de sangle, une table ébréchée, une caisse en bois blanc, un miroir, des savates et des bas sales.

VI

Thélénie à sa toilette.

On était au dimanche matin ; Marie avait achevé sa modeste toilette, et s'occupait à faire son café sur un petit fourneau en terre, placé à l'entrée de la cheminée. Il était neuf heures passées ; Thélénie venait seulement de se lever et commençait à s'habiller. Elle regardait de tous côtés dans le tiers de la chambre qui lui appartenait en murmurant :

— Où donc est-il... où l'ai-je fourré ?... Il me semble bien que je l'avais posé là... sur ma malle... je m'en suis encore servie hier matin... Ah ! quelle scie de ne jamais trouver ses affaires !...

— Que cherches-tu donc Thélénie ? demande Marie en versant son café dans son lait.

— Mon démêloir, mon beau peigne en écaille... Tu ne l'a pas vu ?

— Tu sais bien que jamais je ne touche à tes affaires !...

— C'est vrai; mais cependant j'avais un démêloir... il me le faut... je le veux... avec ça que je suis déjà en retard pour m'habiller... j'ai été paresseuse... ô mon peigne !... mon royaume pour un peigne !... il y a un roi qui a dit cela, n'est-ce pas ?

— D'abord ce n'est pas pour un peigne, c'est pour un cheval...

— Oh ! tu es savante, toi ; ce n'est pas étonnant, tu lis toujours... Sapristi, où est mon peigne ?

— As-tu vu chez Tontaine ?

— Oui... j'ai regardé, car elle ne se gêne pas pour se servir de nos affaires, celle-là !... mais je n'ai pas trouvé. Ah ! j'ai oublié de regarder dans le tiroir de sa table... voyons donc... juste !... le voilà !... au milieu de fragments de galette, de pain d'épice, de quatre mendiants... et une dent de cassée !... Ah ! quelle horreur !... ah ! la malheureuse! elle m'a cassé une dent... un beau peigne que je n'avais que depuis un mois... c'est M. Jules qui me l'avait donné... mais c'est affreux! on ne peut donc rien avoir ici!... c'est donc cela qu'elle l'avait serré dans son tiroir, elle qui ne serre jamais rien!... Ah! je l'arrangerai bien ce soir quand elle rentrera... je lui donnerai ma main quelque part...

— Cela ne mettra pas une dent à ton peigne.

— Au fait, tu as raison; et cette pauvre Tontaine, elle est si panée! elle n'a jamais le moyen de se rien acheter; il est vrai que, dès qu'elle a deux sous, elle les mange en chatteries. Ah! bon, elle a laissé des cheveux après... c'est une attention dont elle aurait pu se dispenser.

La belle Thélénie s'est assise devant sa psyché et commence à se coiffer.

— Il faut que je me fasse élégante aujourd'hui; je suis d'un grand déjeuner au bois de Boulogne... nous serons douze... des jeunes gens tous du meilleur genre avec leurs dames...

— Tu veux dire leurs maîtresses, sans doute?

— Dames... maîtresses... épouses... ça m'est égal... je ne cherche pas à pénétrer dans la vie privée des sociétés que je fréquente, ça mènerait trop loin; et si tu crois que dans le monde, il ne se glisse pas des mariages en détrempe...

— Oh! je ne dis pas le contraire.

— Et toi, Marie, que fais-tu aujourd'hui pour ton dimanche?

— Moi, mais toujours la même chose... j'irai louer des livres chez le libraire ici près, je lirai.

— Je ne te conçois pas! Sais-tu que tu passes bien tristement ta jeunesse!

— Mais je ne trouve pas, moi. J'adore la lecture, cela instruit... de ce qu'on a lu, il reste toujours quelque chose.

— Mais à dix-huit ans et demi... passer tous ses dimanches seule, dans une chambre, à lire... est-ce que c'est vivre, cela ?... Tandis que gentille comme tu l'es... car tu es très-gentille aussi, toi, si tu voulais, on ne demanderait qu'à te procurer de l'agrément.

— Oui, mais je ne veux pas.

— Pourquoi ?

— Parce que ce n'est pas mon goût... et puis enfin où cela mène-t-il tout cela... quelle est la suite de ces parties de plaisir, de ces fêtes... des amoureux qui vous trompent et vous abandonnent.

— Ah ! que tu es niaise... mais, au contraire, c'est nous qui les abandonnons, qui les quittons quand ils ne nous plaisent plus.

— Ah ! Thélénie ! c'est mal ce que tu dis là... Comment est-on regardée ensuite ?... ah ! tu as tort...

— Tiens, laisse-moi tranquille ; d'ailleurs, nous ne nous accordons jamais sur ce chapitre-là, ce n'est pas la peine d'y revenir... Je te demandais ce que tu ferais aujourd'hui, parce que si tu avais voulu venir avec nous, être de cette partie de campagne, certainement tu te serais amusée, tu aurais trouvé là Edelmone... cette grande blonde qui est si romantique... qui ne rêve qu'aventures extraordinaires, qui voudrait être enlevée, qui mangerait du pain sec pour aller voir jouer *Dumaine*... Tu la connais, elle est venue me voir ici.

— Oui, elle m'a fait l'effet d'être à moitié folle.

— Dame! tout le monde n'est pas sage comme toi... Je crois qu'il y aura aussi Fanfinette, la modiste; tu la connais aussi... mais je ne l'aime pas beaucoup celle-là! voyons, veux-tu venir?

— Merci... Si c'était une petite réunion de famille... à la bonne heure.

— Avec ça que c'est gai, les réunions de famille!... quand je vais chez ma tante, je bâille à me décrocher la mâchoire; aussi on ne m'y voit pas souvent... Et toi, Marie, tu n'as donc pas de parents chez lesquels tu pourrais aller passer tes dimanches? Tu es donc tout à fait orpheline?

Le front de la jeune Marie se rembrunit, elle baisse ses regards vers la terre et répond d'un air triste :

— Non, je n'ai plus de parents... je suis seule... personne dans le monde ne s'intéresse à moi...

— Cependant tu ne t'es pas élevée toute seule?

— Une bonne dame, qui avait connu ma mère, s'est chargée de mon enfance... puis m'a fait apprendre à travailler... et enfin m'a fait entrer dans le magasin où je suis.

— Et cette bonne dame?...

— Elle est morte il y a un an.

— Alors, tu es libre comme l'air... et à ta place, je m'en pousserais de l'agrément; mais enfin ce n'est pas ton idée... les opinions sont libres, comme dit Jules quand on parle politique. A propos de politique, où ai-je mis ma crinoline... ah! la voilà... fichtre, il y a un cercle qui est défait... ah ! mon Dieu ! il faudrait le recoudre... je ne suis pas encore coiffée... je n'aurai jamais le temps, et le rendez-vous est pour dix heures... Ah ! ma petite Marie, si tu voulais... toi qui es si adroite, qui couds si bien.

— Voyons, donne-moi ta jupe.

— Ah ! que tu es gentille... tiens, la voilà. Mon Dieu ! que cette mode-là est bête !

— Pourquoi portes-tu de la crinoline, alors ?

— Parce que c'est la mode, il faut bien s'y conformer; mais, à coup sûr, ces cages à poulets ont été inventées par les femmes bâties comme des manches à balais... et, Dieu merci, je n'en suis pas là !... Débarbouillons-nous ; oh ! j'aime l'eau... les Turcs ne sont pas si bêtes avec leurs ablutions... car ils en font ceux-là... tu as dû voir cela dans tes livres... Mon savon, où est mon savon ? ah ! en voilà un qui est un peu parfumé... sens cela.

— Oui, il est à la violette.

— L'odeur que je préfère ; c'est monsieur qui m'en a fait cadeau hier au soir... il est très-aimable pour moi, monsieur, et si je voulais...

— Quoi... ton patron ?

— Oh ! mais, il n'y a pas de danger !... les hommes mariés ne me sont rien... je leur dis : Mon cher monsieur, si vous vouliez faire vos farces, il ne fallait pas vous marier... voilà... on est libre ou on ne l'est pas ; et puis la patronne qui est jalouse comme une tigresse... Ah ! bien, si on écoutait son Loulou... elle vous aurait bien vite mise dehors. Ce n'est pas que je tienne à sa maison... mais en voilà six que je fais, et toujours changer, ça fait croire que vous n'êtes bonne à rien. Oh! quel délicieux savon... il me semble que je suis une violette... il faudra que je dise à Jules de s'en acheter... avec ça que ces messieurs empoisonnent toujours le tabac ; encore une jolie mode. Ah! que les hommes sont... je ne dis pas le mot, mais on le devine... il y a une chanson là-dessus ! Je mettrai ma jolie robe à dispositions... d'autant plus que je n'en ai pas d'autre en bon état.

— Tu n'en manques pourtant pas de robes!

— Non, mais à chacune il y a quelque chose à faire... on se déchire si vite... en jouant... moi je n'aime pas à me tenir tranquille... tra la la, tra la la... connais-tu cette polka-là ?

— Est-ce que je connais des polkas, moi !

— C'est vrai ! j'oublie toujours que je parle à *Minerve !* Minerve, c'est la déesse de la sagesse, n'est-ce pas ?

— Mais oui.

— Je ne suis pas aussi ignorante que j'en ai l'air... la mythologie, l'histoire des dieux et des déesses, cela m'amusait même beaucoup... Ce M. Jupiter, qui se change en cygne, en vache, en pluie d'or pour séduire des femmes... c'est très-polisson... mais je confondais toujours cela avec l'histoire romaine... il me semblait que Cléopâtre et Junon c'était la même chose... Me voilà coiffée... suis-je bien ?

— Très-bien.

— Toi, tu trouves toujours qu'on est bien.

— Non, pas toujours ! car je ne dis jamais à Tontaine qu'elle est bien.

— Cette pauvre Tontaine ! elle a des cheveux comme de la laine... et toujours emmêlés... de vrais nids d'oiseaux ; mon peigne ne pouvait pas y résister.

— Tiens, voilà ta crinoline.

— Ah ! merci, ma petite Marie ; si je puis t'être agréable en quelque chose... Ah ! veux-tu que je demande pour toi des billets de spectacle à Jules, car tu aimes le spectacle ?

— Oh ! oui, beaucoup. Mais avec qui irais-je ? Madame m'a permis d'y aller deux fois avec sa mère... mais ces occasions-là sont si rares !

— Ah ! mon Dieu ! c'est dix heures qui sonnent, je crois ?

— Mais oui.

— Et je ne suis pas prête à être prête... Tant pis, après tout... on m'attendra, ou on viendra me chercher ici.

— Te chercher ici ? Comment, est-ce que tu aurais permis à M. Jules de monter à notre chambre ?

— Pourquoi pas ! quel mal... ce jeune homme est fort bien mis.

— Mais que pensera le portier ?

— Est-ce que le portier de cette maison voit quelque chose ! il est bien trop occupé à lire les journaux... et puis Jules a une très-bonne habitude, il passe devant les portiers sans jamais rien demander.

— Mais on peut croire...

— On croira ce qu'on voudra, je m'en moque pas mal...

— Mais cette chambre nous est commune et...

— Ce n'est pas ma faute ; pourquoi nous fourre-t-on trois dans la même chambre ?... en voilà de la vilenie... de la rapacité... encore si nous travaillions dans le même magasin, cela se comprendrait un peu... mais non, nous sommes dans trois commerces différents et les patrons s'entendent pour nous nicher dans une même chambre. O économie! tu es une belle chose, quand on ne te pousse pas trop loin ! Qu'est-ce que ma psyché a donc aujourd'hui ?... je ne me vois pas si bien dedans ; ce qui m'enrage, c'est de penser que quand je ne suis pas là, cette grosse vilaine masse de Bouci-boula vient se mirer dans ma psyché.

— Est-ce que tu penses que ça l'use ?

— Non, non ; je sais bien que ça ne l'use pas... mais c'est égal, ce n'est pas pour cette demoiselle qu'on m'a fait ce magnifique cadeau... car on peut dire que c'est un cadeau magnifique.

— Il faut l'enfermer quand tu sors.

— Ah ! si je le pouvais... ce n'est certes pas pour toi que je dis cela, Marie ; oh ! tu peux t'y mirer toute la journée, je n'y trouverais pas à redire. Mais tu n'es pas coquette, toi, tu ne t'y regardes jamais... tandis que cette Bouci-boula... vous verrez que quelque jour elle y fera comme à mon peigne.

— Elle lui cassera une dent ?

— Oh ! si cela arrivait... Eh bien, ma ceinture...

il suffit qu'on veuille se dépêcher pour qu'on ne trouve rien de ce qu'on cherche.

Mademoiselle Thélénie visite le porte-manteau, fouille dans sa malle qui lui sert de commode, jette à terre trois ou quatre robes et tape des pieds avec impatience en s'écriant:

— Oh! ma ceinture! ma ceinture... un superbe ruban qui sort des fabriques de Saint-Etienne et qui m'a été donné par ce jeune Israélite qui est si galant... et qui m'a promis de m'en rapporter encore à son retour.

— Mais regarde donc, il me semble qu'elle est attachée à tes rideaux, ta ceinture.

— Tiens! c'est vrai, étourdie que je suis, et je l'avais piquée là, hier soir, exprès pour ne point la chercher ce matin... mais j'ai si peu de mémoire. Des épingles... des épingles... vous verrez que je manquerai d'épingles.

— Et M. Jules, il ne trouve pas mauvais qu'un autre que lui te donne des ceintures?

— Par exemple, je voudrais bien voir qu'il le trouvât mauvais... d'ailleurs l'autre est son ami.

— Et il doit toujours... t'épouser, M. Jules?

— Il doit toujours... si je le veux toujours... Des épingles! des épingles!

— Comment! ne serais-tu pas heureuse d'être sa femme... est-ce que tu ne l'aimes plus?

— Si fait... c'est-à-dire modérément... moins que je ne croyais... Bon! je me pique à présent... Heureuse d'être sa femme... hum! je ne sais pas trop... j'ai étudié ce jeune homme, je me suis aperçue qu'il avait un défaut capital.

— Bah! et lequel donc?
— Il parle du nez.
— Ah! ah! c'est cela qui t'empêcherait de l'épouser?
— Dame! un mari qui me ferait l'effet d'un canard, ça finirait par me donner envie de l'accommoder aux navets!
— Que tu es bête! il ne parlait donc pas ainsi quand il a fait ta conquête?
— Oh! non... beaucoup moins... il se contraignait sans doute, mais maintenant il tire tout à fait sa voix de son nez... c'est un vrai mirliton.
— Ah! Thélénie! j'ai bien peur que tu n'aimes plus ce jeune homme!
— Ma foi, j'en ai peur aussi! Quand je dis que j'en ai peur, ça m'est bien égal! il se consolera... on se console toujours... et puis franchement il est trop petit pour un homme; il ne me va qu'aux oreilles. Quand j'ai fait sa connaissance, j'ai cru qu'il grandirait, il a l'air si jeune!... mais il a vingt-deux ans, c'est fini, il restera nain. Ah! enfin, voilà ma ceinture qui va bien... me voilà habillée.
— Et tu n'es pas chaussée.
— Ah! c'est vrai! c'eût été joli, aller rejoindre ma belle société en pantoufles.

En ce moment, deux petits coups sont frappés à la porte. La jeune Marie fait un bond sur sa chaise en disant:
— Ah! mon Dieu... on frappe chez nous?
— J'ai bien entendu!... qui est là?
— C'est moi, belle Thélénie... moi, Jules... vous n'arrivez pas, je viens vous chercher.

— Attendez, on va vous ouvrir. Ouvre, Marie ; moi, tu vois bien que je ne peux pas : je mets mes bottines.

VII

Le médecin des ânes.

Marie a ouvert sa porte. Un jeune homme passe sa tête en disant :
— Peut-on entrer ?
— Mais apparemment puisqu'on vous ouvre... est-il bête, ce petit Jules !

A ces douces paroles de sa maîtresse, le personnage qui vient de montrer sa tête répond par un gracieux sourire et ne fait qu'un bond dans la chambre, tandis que la jolie lingère est retournée s'asseoir dans la partie de la pièce qui lui appartient.

M. Jules est tout jeune : vingt-deux ans au plus, et il en paraît à peine dix-huit ; il est fort gentil de figure et assez bien pris dans sa petite personne ; il est seulement fâcheux que sa taille soit si exiguë ; elle n'atteint pas cinq pieds ; mais le jeune homme en a pris son parti, et comme il est fils de parents riches, que par conséquent il a toujours de l'argent dans ses poches, cela ne l'a pas empêché d'être recherché par le beau sexe, et surtout par celui avec lequel il faut constamment financer. Cependant ce jeune homme n'est pas extrêmement généreux, il ne fait des cadeaux que lorsqu'il ne peut pas faire autrement; d'ailleurs ses parents, qui sont dans le commerce, trouvent qu'il n'a pas assez de goût au travail et beaucoup trop de penchant pour le plaisir ; c'est pourquoi, depuis quelque temps, ils sont moins disposés à garnir sa bourse, qu'il vide trop facilement.

Le petit Jules est arrivé d'un bond au milieu de la chambre; là il fait une pirouette digne d'un danseur de théâtre; seulement, après l'avoir commencée dans le carré dit la salle d'attente, il va la finir dans la partie qui appartient à Marie, et d'un coup de pied renverse son fourneau, sur lequel heureusement il n'y avait plus rien.

— Bon! le voilà déjà qui commence ses folies! dit Thélénie. Quel sauteur que ce petit bonhomme!... Mon cher ami, vous auriez dû vous engager au cirque *Dejean*, vous auriez peut-être eu des succès comme *Léotard*.

— C'est possible... on ne sait pas!... oh! si j'avais eu un trapèze... pardon, mademoiselle Marie, est-ce que j'ai cassé votre fourneau ?

— Oh! ce n'est rien, monsieur, il n'y a pas grand mal.

— Eh bien! messieurs, entrez donc, est-ce que vous restez sur le carré ?

— Comment! Jules, vous avez du monde avec vous!

— Oh! deux messieurs, seulement! Fraisinet... l'étudiant en médecine... qui se moque si bien de mademoiselle Edelmonde... qui la fait constamment endêver, et puis un de ses amis, un artiste... qui est très-bien.

L'étudiant en médecine vient de faire son entrée dans la chambre de ces demoiselles. C'est un jeune homme assez grand, fort maigre, plutôt laid que beau, qui a une figure assez avenante, mais fort peu spirituelle. Il s'incline devant les deux demoiselles en murmurant :

— Nous sommes indiscrets ?

— Mais non ! dit le petit Jules, Thélénie met ses bottines... cela peut se mettre devant le monde... Ah ! si elle avait changé de chemise...

— Croyez-vous, alors, que je vous aurais laissé entrer, impertinent !

Et mademoiselle Thélénie accompagne ces mots d'un regard dans lequel il y a plus de malice que de sévérité.

Un troisième personnage entre dans la chambre. Celui-ci est Edouard Roger, le dessinateur sur bois qui assistait au dîner donné par M. Boniface Triffouille.

Vous savez déjà que ce jeune homme est fort joli garçon et qu'il a de très-bonnes manières ; aussi son entrée fait-elle sensation ; la belle Thélénie se regarde dans sa psyché, repasse ses doigts sur ses cheveux, jette un coup d'œil sur sa toilette, puis, tout en achevant de lacer sa bottine, remonte un peu sa robe, afin de laisser voir la naissance d'un mollet qui est fort bien placé.

Quant à Marie, qui a d'abord paru contrariée, en voyant plusieurs jeunes gens entrer dans la pièce qu'elle habite, son front semble moins sévère lorsqu'elle répond au salut que lui fait le nouveau venu.

— Je suis en retard et vous venez me gronder, dit la parfumeuse.

— Au contraire, le rendez-vous a été remis à onze heures, à cause d'une de ces dames qui ne peut pas être libre avant; et je venais vous dire qu'il était inutile de trop vous presser.

— Tant mieux... au moins on a le temps de s'habiller.

— Il me semble que vous l'êtes.

— C'est égal, reprend Thélénie, en faisant une foule de petites mines coquettes, ce Jules aurait dû au moins nous prévenir qu'il amenait ces messieurs. Notre appartement n'est pas fait...

— C'est nous qui n'aurions pas dû venir si matin chez des dames, dit Roger.

— Oh! monsieur, ce n'est pas qu'il soit trop matin... c'est que j'ai été paresseuse... Mais asseyez-vous donc, messieurs...

— Ne faites pas attention à nous, mesdemoiselles.

— Oui, oui, dit le petit Jules, habillez-vous comme si nous n'étions pas là. Messieurs, savez-vous que c'est ici le séjour des Grâces!

— Alors, dit Fraisinet, nous pouvons chanter le chœur du *Calife de Bagdad* :

> C'est ici le séjour des Grâces!
> Leur mère est présente à nos yeux!
> Doux plaisirs, volez...

— Assez! assez! Fraisinet; quand celui-là se met à chanter, ça me donne envie de miauler.

— Mais ordinairement les Grâces sont trois, dit Roger, et je n'en vois que deux.

— Oh! la troisième n'est pas trop à regretter... quoiqu'elle soit grasse dans toute la force du terme. C'est mademoiselle Bouci-boula, fleuriste.

— Je n'ai pas l'avantage de la connaître.

— Pardon, dit l'étudiant en médecine, en regardant à ses pieds, mais que signifient donc ces raies blanches tracées sur le plancher? Est-ce que ces demoiselles s'exercent à jouer à la marelle?

M. Fraisinet s'adressait alors à Marie, qui rougit en balbutiant :

— Non, monsieur, ce n'est pas pour jouer que nous avons tracé ces lignes... mais... c'est que... c'est afin de...

— Mon Dieu! Marie, pourquoi s'en cacher, dit Thélénie en interrompant la lingère. Après tout, ce n'est pas un crime de n'avoir qu'une chambre pour trois! La faute est à ceux qui nous logent. Oui, messieurs, nous demeurons trois dans cette pièce, et pour nous y reconnaître un peu, nous avons tracé des raies blanches qui marquent le logement de chacune.

— Tiens, mais c'est fort ingénieux, cela.

— Vous, monsieur Fraisinet, dans ce moment vous êtes chez Bouci-boula.

— Ah! diable... Eh bien! je n'en ferai pas compliment à cette demoiselle! Cette partie de la chambre n'est pas la mieux tenue.

— Et moi j'ai un pied chez vous, Thélénie, dit

le petit Jules en se mettant à cheval sur une des lignes blanches.

— Le plus souvent que je vous laisserai prendre un pied chez moi... Allez donc dans le vestibule, s'il vous plaît.

Et la belle brune repousse assez brusquement son petit amoureux, qui, cette fois, va sauter dans la partie réservée à mademoiselle Tontaine, et se laisse aller sur la table qui n'est pas de force à supporter le moindre choc ; elle tombe et dans sa chute brise un de ses meilleurs pieds.

— Bravo! il brise les meubles à présent. Tout à l'heure c'était le fourneau de Marie, à présent c'est la table de Tontaine... il paraît que vous êtes dans votre jour... mais au moins n'ayez pas le malheur de venir tourner près de ma psyché.

— Ah! la psyché! cadeau de votre oncle! eh! eh! car c'est votre oncle qui vous a fait ce superbe cadeau, n'est-ce pas?

— En tout cas, soyez tranquille, on sait bien que ce n'est pas vous. Quand vous ferez des cadeaux de cette *conséquence,* c'est qu'il pleuvra des perles!

— Assez... belle Thélénie ; si vous ne m'aviez pas repoussé un peu vivement, je n'aurais pas fait ce grand écart. Mais ces messieurs sont témoins que la table était boiteuse et ne tenait à rien.

— Nous sommes seulement témoins que tu as brisé cette table, et que tu dois la remplacer, dit l'apprenti docteur.

— Eh bien, c'est bon ! on en achètera une autre, et voilà tout.

— Oui, cela ne vous coûte rien de promettre, mon petit, dit Thélénie, mais depuis quelque temps vous devenez terriblement rat !

— Moi ! je deviens rat !...

— Oui, oui, et je veux vous faire honte devant vos amis. Figurez-vous, messieurs, que me trouvant assez souvent au spectacle avec Jules, je me sentais souvent indisposée par la chaleur... et je n'avais point d'éventail pour me procurer un peu d'air, ce qui, au spectacle, me semble un objet de première nécessité pour une dame. N'êtes-vous pas de mon avis ?

— Entièrement, dit Roger.

— C'est-à-dire, ajouta Fraisinet, qu'un éventail est, pour une dame, aussi nécessaire que du papier à cigarette pour un fumeur.

— M. Jules faisait la sourde oreille... mais je lui répétai tant qu'il me fallait un éventail, qu'enfin il se décida à m'en promettre un. Cependant l'éventail demandé n'arrivait pas, lorsqu'un soir monsieur accourut me chercher en me disant :

— On donne une pièce nouvelle ou une reprise à l'Ambigu-Comique ; c'est une pièce très-curieuse. Je veux vous y mener.

Moi, je me laisse emmener. Mais jugez de ma surprise, lorsqu'au contrôle on me présente un éventail. Je l'accepte, en disant à Jules :

— Qu'est-ce que cela veut dire ?

Et il a le toupet de me répondre :

— Vous désiriez un éventail, j'en avais déposé un au théâtre en louant des places.

Moi, je gobe ça, je donne là-dedans. Cependant l'éventail n'était pas beau, et je ne pus m'empêcher de lui dire :

— Vous ne vous êtes pas ruiné.

Mais jugez de mon étonnement, lorsqu'en regardant autour de moi dans la salle, je vois toutes les dames s'éventer avec un éventail tout pareil au mien. Et cet effronté-là qui se met à rire, en me disant :

— Vous voyez bien que votre éventail est tout ce qu'il y a de plus à la mode, puisque toutes les dames en ont de semblables !

Malgré cela j'avais des soupçons, et dans l'entr'acte je questionne l'ouvreuse, qui me répond :

— Madame, ceci est une galanterie de l'administration; depuis qu'on donne cette pièce, elle fait ainsi distribuer des éventails à toutes les dames des loges, de l'orchestre et de la galerie.

Voilà, messieurs, pourquoi Jules avait mis tant d'empressement à me mener au théâtre, et de quelle manière il m'a fait cadeau d'un éventail.

Pendant le récit de Thélénie, Jules rit comme un fou, en se roulant sur le lit de sangle; ses deux compagnons ne peuvent s'empêcher d'en faire autant, et l'étudiant murmure :

— Diable ! mais notre ami Jules est plus fort que je ne croyais.

La belle brune, qui a enfin achevé de lacer ses bottines, et qui ne cesse point de faire des mines coquettes en regardant Roger, va derechef se mettre devant sa psyché, où elle pince de nouveau son corsage, en disant :

— Monsieur est artiste... peintre, je crois?

— Pas peintre positivement, mademoiselle, mais dessinateur. Cependant je peins aussi quelquefois, quand j'ai le temps.

— Faites-vous des portraits?

— Oui, au crayon, mais à l'huile... je n'oserais pas encore... je n'ai fait que quelques ébauches.

— Mon cher monsieur Roger, prenez garde à vous! dit Jules, toujours assis sur le lit de sangle, on veut vous tirer une carotte... Je vois venir la parfumeuse ; elle va vous prier de lui faire son portrait : c'est bien pis qu'un éventail, cela.

— Mais si cela pouvait être agréable à mademoiselle d'avoir son portrait au crayon, je serais très-heureux d'avoir un si charmant modèle...

— Ah! monsieur, vous êtes bien bon... je craindrais d'abuser... Oh! mais c'est égal, j'accepte!...

— Elle accepte! parbleu, c'était sûr! Prenez garde, Thélénie, monsieur ne dessine que l'histoire.

— Jules, tâchez de vous taire, et de ne pas casser le lit de Tontaine.

Tonton! tonton! tontaine! tonton!

— Il est vieux, cet air-là... il est comme son lit.

Cependant le jeune artiste avait plus d'une fois attaché ses regards sur Marie, qui travaillait à l'aiguille et se sentait tout embarrassée, parce que, bien qu'en ayant les yeux baissés sur son ouvrage, elle s'apercevait fort bien que le jeune homme l'examinait. Comment faisait-elle pour voir cela en tenant les yeux sur son ouvrage? Ceci est un secret que possèdent toutes les femmes ; elles voient par les oreilles.

— Une seule chambre pour trois! murmure l'étudiant en médecine, en examinant la pièce. Vraiment, ce n'est pas hygiénique... Si l'une de vous avait la petite vérole ou simplement la rougeole, elle la communiquerait bien probablement à ses compagnes!

— Ah! on s'inquiète bien de notre santé!

— Moi, dit Jules, en essayant de faire une culbute sur le lit de sangle, je m'en moque! j'ai été vacciné.

— On le voit bien, murmure Thélénie en haussant les épaules.

— Mais si vous étiez malades, mesdemoiselles, voilà Fraisinet, docteur en herbe... je dis en herbe, parce qu'il vous conseille toujours de prendre du bouillon aux herbes... qui se ferait un plaisir de vous soigner... de vous purger... de vous *clysterium donare*. Il a déjà guéri l'âne de notre laitière...

— Mesdemoiselles, ne prenez pas en mauvaise part ce que vous dit cet avorton. Oui, j'ai guéri un âne... et si je guérissais tous les ânes malades, je crois que ma fortune serait bientôt faite...

— Qu'avait-il donc cet âne que vous avez soigné, monsieur?

— Mademoiselle, il faut vous dire d'abord que notre laitière nous apporte du lait depuis plus de quinze ans... c'est une bonne paysanne qui m'a vu tout enfant et avec laquelle j'aime assez à causer. Elle est sans façon avec moi; dernièrement elle me dit :

« Mon grand garçon... autrefois elle me disait mon petit garçon... naturellement elle a changé... »

— Plus tard elle te dira mon vieux garçon... Va toujours !

— Elle me dit donc :

« Mon grand garçon, vous étudiez la médecine, donc alors vous apprenez à guérir les personnes qui souffrent? »

— Oui, mère Claude, lui dis-je... Pourquoi me demandez-vous cela? est-ce que vous êtes malade?

— Il paraît que ce sera long ! dit Jules en s'étendant sur le lit de sangle, je me couche.

« Non, mon bon ami, me répond la laitière ; car elle m'appelle aussi son bon ami... »

— Ah ! sapristi ! cela devient effrayant... je demande un bonnet de coton.

— Jules, taisez-vous et laissez-nous écouter le docteur...

— Si vous l'appelez docteur, il n'y a plus de raison pour qu'il se taise.

« Non, mon brave garçon, ce n'est pas moi qui suis malade, mais c'est queuqu'un auquel je m'intéresse, ni plus ni moins que si c'était mon frère... et queuqu'un qui m'est bien utile, qui me rend bien des services... et que s'il mourait ça me ferait bien de la peine... à cause de l'argent que j'y perdrais...

— Voyons, laitière, lui dis-je, quelle est donc cette personne ?... je vais aller essayer de la guérir. »

— Cette personne, mon bon ami, c'est mon âne, c'est Rustaud, une excellente bête; je ne sais pas ce qu'il a depuis quelques jours, il ne mange plus, il trotte mal, il souffle, il a l'air d'étouffer... Et quand je dis que je ne sais pas ce qu'il a, je mens : je sais qu'il ne va plus... où tout le monde va... enfin qu'il ne fait plus ses fonctions... il a... attendez donc... une constipation !

— Vous comprenez que je fus assez surpris en voyant qu'il s'agissait d'un âne, cependant je dis à la mère Claude :

« Mais pour une constipation, vous devez savoir ce qu'il faut donner à votre bourriquet, il y a des médecines connues.

— J'ons fait tout ce qui était connu, me répond la laitière, et ça n'a rien fait à mon pauvre Rustaud. Venez le voir, mon cher garçon, vous trouverez peut-être un moyen pour le guérir. »

— Ma laitière demeure à Saint-Mandé. Je lui promis d'aller voir M. Rustaud, et en effet, le lendemain, je me rendis au village, résolu à faire des expériences *in anima vili*.

— Qu'est-ce que cela veut dire ? s'écrie Thélénie.

— Ça veut dit qu'il ne finira pas aujourd'hui ! s'écrie Jules.

— Bref, je trouvai l'âne souffrant, gonflé et fort triste...

— Tu lui tâtas le pouls...

— Jules, si tu continues, je vais te mettre sous le lit de sangle...

— Après avoir bien examiné le sujet je dis à la laitière :

« Votre âne étouffe, il faut lui poser des sangsues...

— Des sangsues à Rustaud !

— Oui vraiment, et bien vite. Vingt-cinq sangsues, pas une de moins... qu'on lui appliquera sous la queue...

— Je ne saurons jamais lui administrer ça.

— Envoyez chercher les sangsues; je vais me promener et goûter les fruits de votre jardin, et goûter votre pain bis... et votre vin... »

— Ça voulait dire : Donnez-moi à déjeuner. Puis je poserai les sangsues à votre âne.

— Autour de la queue ! cela valait bien un déjeuner.

— Ah ! fichtre ! je ne l'aurais pas fait pour un dîner, moi ! s'écrie Thélénie en essayant sur sa tête un fort joli petit chapeau.

— Mademoiselle, les médecins sont appelés à tout voir.

— Ce n'est pas le plus agréable de leur profession.

— Quelquefois... il y a des cas. J'étais donc en train de faire un déjeuner rustique, on vient me dire :

« Les sangsues sont là, dans l'écurie. »

— Très-bien... J'achève de déjeuner et je me rends près du malade. Mais que vois-je en entrant dans l'écurie ! Maître Aliboron qui était en train de manger les sangsues que l'on avait bêtement posées dans un saladier devant lui, lorsque je m'approche il n'en restait plus que trois... et, ma foi, comme il paraissait les manger avec plaisir, je me dis :

Autant lui laisser finir ce qu'il a commencé. Heureusement la laitière n'était pas entrée avec moi. Elle arrive au bout d'un moment et me dit :

« Eh bien, et ce pauvre âne... les sangsues ?
— Il les a.
— A-t-il bien pris ça ?
— Parfaitement... je crois qu'il en aurait volontiers pris le double. »

— Là-dessus, voilà cette femme qui tourne autour de l'âne, qui va examiner l'endroit que j'avais indiqué et qui s'écrie :

« Tiens !... c'est drôle... où donc qu'elles sont les sangsues ?... je n'en vois pas une seule.

— C'est toujours ainsi qu'elles agissent sur les animaux... elles s'introduisent si bien chez le malade, qu'on ne les voit plus...

— Mais pour les ôter ?

— On ne les ôte jamais... elles s'en iront toutes seules. »

— Et là-dessus, je prends mon chapeau et je quitte la mère Claude en lui disant :

« Maintenant, il n'y a plus rien à faire, attendez l'effet du remède. » Et je m'en vais intimement persuadé que son âne sera mort le lendemain.

Et le lendemain matin j'entends carillonner à ma porte, je me dis :

— Voilà ma laitière qui vient me reprocher la mort de Rustaud.

C'était en effet la mère Claude ; mais en entrant chez moi, voilà cette bonne femme qui me saute au cou, qui m'embrasse à plusieurs reprises, en s'écriant :

« Pardon, mon brave garçon ! pardon, mon bon cher ami ! mais faut absolument que je vous embrasse pour vous remercier... Je sommes si contente !... vous avez guéri notre âne, et parfaitement guéri de sa... confiscation !... il va... oh ! mais il va très-bien à présent !... vous ne le reconnaîtriez plus !... il retrotte, il mange, il est gai !... enfin il se porte comme vous et moi. Aussi vous pouvez vous flatter que vous êtes un fameux médecin d'ânes... ce qui ne vous empêchera pas de guérir le monde, j'en réponds... Par exemple, pour ce qui est des sangsues, on ne les a pas revues... pas retrouvé une seule... Mais l'important c'est que mon âne est guéri, que c'est à votre science que j'en sommes redevable et que je vous prions de vouloir bien accepter ce fromage à la crème en guise de remercîment. »

— Voilà, mesdemoiselles, de quelle manière j'ai guéri l'âne de la laitière, cure qui m'a fait le plus grand honneur dans mon quartier. Vous voyez comment s'acquièrent les réputations ; elles sont quelquefois aussi bien méritées que les compliments que j'ai reçus de la mère Claude.

Pendant que l'étudiant en médecine a conté son histoire qui fait beaucoup rire les deux demoiselles de magasin, Edouard Roger a plusieurs fois regardé Marie, à laquelle il dit enfin :

— Mais, mademoiselle ne semble pas se disposer à sortir... est-ce qu'elle ne vient pas avec nous ?...

— Non, monsieur, répond Marie ; moi je reste ici... je ne connais pas les personnes avec lesquelles vous allez...

— Mais qu'importe, mademoiselle! il y en a toujours que vous connaissez, puisque mademoiselle en est... vous devez être persuadé que l'on sera heureux de vous avoir. Allons, mademoiselle, laissez votre ouvrage ; un dimanche, c'est un péché de travailler, et venez avec nous...

— Oui, s'écrie le petit Jules en sautant du lit de sangle à terre, venez avec nous, charmante Marie, je vous promets de vous faire rire, moi !

La jeune fille semblait presque hésiter, Thélénie, que cette conversation paraissait impatienter, achève vivement de nouer son chapeau et s'écrie :

— Messieurs, c'est absolument comme si vous chantiez ! Marie ne viendra pas ; je l'ai déjà bien engagée ce matin à être des nôtres, elle m'a refusé... Cela ne lui plaît pas... chacun son goût... elle préfère rester ici... elle y attend peut-être des visites... elle est libre, elle a bien le droit de faire sa volonté. Mais je suis prête, je vous attends ; il est onze heures passées et il me semble qu'il est bien temps de partir.

— Oui, oui, partons.

Les trois jeunes gens saluent Marie ; Roger, en lui disant adieu, lui exprime encore ses regrets de ce qu'elle ne va pas avec eux. Thélénie, qui était déjà sur le carré avec Jules, s'écrie :

— Eh bien, monsieur, nous vous attendons !

Et lorsque l'artiste vient les rejoindre, n'ayant pas l'air de voir que son amoureux lui offrait sa main, elle s'empare du bras de Roger en lui disant :

— Vous me soutiendrez, n'est-ce pas, car l'escalier est tellement ciré et glissant que je manque toujours de tomber.

Marie n'a pu retenir un soupir ; en voyant tout le monde partir, elle murmure :

— Cette Thélénie... dire que j'attends peut-être des visites !... C'est vilain cela, car elle sait bien le contraire... mais elle paraissait avoir peur que je n'acceptasse... Comme elle faisait la coquette avec ce jeune homme !... enfin, c'est son habitude. Il es bien poli et bien gentil, ce jeune homme !

VIII

Le lundi matin

C'est naturellement le lendemain du dimanche. Il est huit heures du matin ; Marie est levée, elle a déjà achevé sa toilette ; elle est en train de faire son lit, de nettoyer sa portion de chambre, de mettre tout en ordre chez elle. La jeune fille est habillée bien simplement, et pour coiffure elle n'a que ses cheveux ; mais ils sont arrangés avec tant de goût et si parfaitement soignés, qu'il est impossible de ne point la trouver bien. Et puis ses yeux brillent d'un vif éclat, sa bouche est fraîche, sa démarche légère ; il n'y a là aucune trace de fatigue, d'insomnie ; il est vrai que l'apprentie lingère n'a pas été en partie de plaisir, et qu'elle s'est couchée de bonne heure. Dans le coin occupé par mademoiselle Tontaine, c'est un tout autre tableau.

La grosse fleuriste est assise sur son lit et en train de mettre ses bas, mais elle s'arrête à chaque instant pour bâiller, s'étirer et passer sa main dans ses cheveux, qui représentent un effroyable fouillis, devant lequel reculerait le plus habile coiffeur. Par moments mademoiselle Tontaine se gratte la tête avec une espèce de frénésie, en disant :

— Ah ! que c'est embêtant ! pas de démêloir, pas de peigne... et puis on me dira que mes cheveux ne sont pas bien peignés : je ne peux pas me démêler avec mes doigts... Dis donc, Marie, veux-tu me prêter ton peigne ?

Marie fait un peu la moue, en répondant :

— Prêter mon peigne... tu sais bien que je n'aime pas beaucoup cela... pour que tu y casses une dent comme tu as fait à celui de Thélénie.

— Elle s'en est donc aperçue ?... Ma foi, je ne sais pas comment ça s'est fait... je commençais seulement à le passer dans mes cheveux... et crac ! une dent s'est cassée tout de suite... Elle a dû être bien en colère, hein ?

— Mais non, pas trop...

— Elle dort encore, la paresseuse... Au fait, elle s'est couchée assez tard. Sais-tu à quelle heure elle est rentrée ?

— Non, je dormais.

— A trois heures du matin, ma chère ?...

— Comment le sais-tu ? tu n'as pas de montre... tu ne dormais donc pas ?

— Non, parce que j'avais mal au cœur... Hier, chez mes parents, mon oncle m'a régalée de galette et de flan... j'en avais un peu trop mangé... et ç.

m'incommodait... Le vieux monsieur qui demeure au-dessous a une horloge dans un tableau... ça sonne comme une cathédrale... et trois heures venaient de sonner quand Thélénie est rentrée... en voilà une vie !... Elle venait de souper en ville apparemment! je gagerais qu'elle a mangé du poulet rôti... Ah! il y a des personnes nées sous une bonne étoile ! ça vaut mieux que du flan et de la galette, et c'est moins indigeste.

— Tiens, voilà mon peigne ; mais, je t'en prie... fais attention... va doucement... Si tu m'en croyais, tu te ferais couper les cheveux à la Titus, cela te serais plus commode, et tu en viendrais plus facilement à bout...

— Merci! pour avoir l'air d'un homme, non pas... je suis femme, et veux garder les avantages de mon sexe... Ah! sapristi! comme ils sont emmêlés... il n'est pas possible, ils se seront noués entre eux... Qu'est-ce que tu as fait pour ton dimanche, Marie ?

— Moi... rien du tout... je suis restée ici... j'ai lu.

— Tu te feras mal aux yeux de tant lire... Après ça, quand c'est une histoire bien épouvantable... bien embrouillée comme mes cheveux... avec de ces belles phrases... que je ne comprends pas... oh! alors, ça m'amuse de lire... mais pour ces choses qui arrivent tous les jours... qui sont simples comme le pot-au-feu... merci, ça ne m'amuse pas...

— Je le crois...

— Pourquoi ris-tu en me disant cela ?

— Pour rien...
— Je suis sûre que tu me trouves bête !
— Oh ! par exemple !...
— Eh bien, chez mes parents on me trouve beaucoup d'esprit.
— Cela ne m'étonne pas.
— Ils disent que je leur ferais voir des étoiles en plein midi, parce que je leur ai appris à faire une omelette au sucre et à verser du rhum autour... ils n'avaient jamais mangé de ça, ni moi non plus, mais je m'étais fait expliquer par Thélénie comment cela est fait... elle qui nage dans les omelettes au rhum...
— Tu es donc toujours gourmande, Tontaine ?
— Que veux-tu ?... c'est mon seul amour !... Ah ! si j'avais un amoureux... je penserais peut-être moins à manger... puisqu'on dit que l'amour tient lieu de tout... Crois-tu cela, Marie ?
— Je n'en sais rien... je n'en ai pas fait l'épreuve.
— C'est vrai... tu es comme moi... tu n'as pas d'amant... ce n'est pas faute de soupirants qui te lorgnent de la rue, où ils restent en sentinelle devant ton magasin... Je vois ça, moi, de la fenêtre de notre entresol.
— Qui est-ce qui te dit que c'est moi qu'on lorgne ?
— À coup sûr ce n'est pas ta camarade qui est laide et a l'air rechigné... ni ta dame qui n'est pas belle du tout...
— On lorgne à côté... chez le parfumeur.
— Oh ! nous voyons bien quand c'est pour les

demoiselles du parfumeur... Tout en faisant nos fleurs nous voyons tout... Ah! tiens, voilà ton peigne... ça me fait trop mal de me démêler... et puis je n'ai pas le temps... on veut que nous soyons à l'ouvrage avant neuf heures... Voyons ma robe... je ne suis pas comme Thélénie à me dire : Laquelle vais-je mettre ? je n'en ai que deux, celle des dimanches, celle de la semaine... Eh bien... ma table ne veut plus se tenir... Ah ! on lui a cassé un pied... Qui est-ce qui a fait ce coup-là ?... Je n'ai qu'une table un peu propre et on me la casse !... Je gage que c'est Thélénie qui en se retournant avec son immense crinoline l'aura flchue par terre.

— Non, ce n'est pas Thélénie, c'est son amoureux, ce petit jeune homme... tu sais bien...

— Le petit Toqué Sibille ?

— Je ne connais pas celui-là...

— Mais si... un petit vilain... qui fait tant son embarras... qui ne parle que de soupers... et ne vous paye jamais rien... qui te suivait toujours quand tu sortais...

— Ah ! et à qui j'ai dit un jour que s'il ne me laissait pas tranquille j'allais appeler un sergent de ville ?

— Justement...

— Oh ! non, ce n'est pas celui-là qui est l'amant de Thélénie.

— Dame... elle est si changeante ! on ne sait pas.

— Je te parle du petit Jules...

— Ah ! Jules Binet... celui qui saute toujours... c'est différent, il est gentil celui-là... Il m'a donné plusieurs fois de la pâte de guimauve... il faudra qu'il me paye quelque chose pour le pied de ma table... C'est drôle, hier au soir, quand je suis rentrée, elle se tenait, j'ai même posé mon brûle-tout, dessus.

— J'avais un peu arrangé le pied avec du fil de fer.

— Cette bonne Marie... ah ! tu es bonne enfant, toi... Bon, voilà mes bas qui tombent ! c'est pas étonnant, j'avais oublié mes jarretières...

— Comment ! tu mets de la ficelle pour jarretières ?

— J'ai perdu les miennes, c'est en attendant que j'en achète d'autres... ça tient tout de même. Voyons que je me mire un peu dans la psyché de la princesse... Elle est vexée quand je me regarde dans sa glace... Ne m'a-t-elle pas dit un jour que j'en usais le tain... Elle est forte celle-là... Ah ! Dieu ! si j'avais deux pouces de plus... comme je l'enfoncerais cette fière Thélénie, qui se croit la plus belle femme de Paris ! Elle dort toujours... elle n'est pas déjà si belle quand elle dort... elle a le nez tout frippé...

Quelques petits coups sont frappés à la porte. Tontaine court ouvrir en disant :

— Mon Dieu ! est-ce qu'on m'enverrait chercher du magasin... il n'est pas neuf heures, on veut nous tenir comme à l'école, mais, minute ! je me rebiffe, moi !

La grosse fille a ouvert, et mademoiselle Fanfinette, la modiste, entra dans la chambre en disant :

— Bonjour, les autres... c'est moi : je viens jaboter un moment avec vous avant de me rendre au magasin.

— Tiens! c'est Fanfinette.

— On se porte bien, ici... Ah! bon, en voilà une qui dort encore... ça ne m'étonne pas... elle s'en est donné hier...

— Est-ce que vous étiez avec Thélénie, à cette partie de campagne ? demande Marie.

— Oui certainement, j'y étais avec mon grand imbécile d'Alexandre... Ah! à propos d'Alexandre... samedi soir il a donné un coup de pied au derrière du petit Sibille, parce que celui-ci me donnait le bras et voulait m'emmener souper...

— Ah! ce pauvre Sibille! Et qu'est-ce qu'il a dit en recevant ça?

— Rien... il s'est sauvé... en se tenant le pantalon... Ah! si, je crois qu'il a dit à Alexandre : Vous aurez affaire à moi! Celui-ci lui a répondu : Ne vous sauvez donc pas si vite, alors. Mais bah! Sibille court encore.

— Je trouve que c'est bien malheureux d'être cause que deux hommes se battent. Je serais bien désolée si j'étais cause d'un duel.

— Avec Sibille il n'y a pas de danger... mais ce n'était pas ma faute. Figurez-vous que je m'en allais chez moi avec la petite cousine qui m'est tombée de province... vous savez, cette jeune niaise que je vous ai fait voir... Ah! cette pauvre Nanine! C'est à elle qu'il est arrivé des aventures, et tout cela par suite du coup de pied donné à Sibille... c'est à mourir de rire, de quoi emplir un journal, mesdemoiselles, mais un journal qui serait amusant...

— Ah! contez-nous cela, Fanfinette.

— Tontaine, si tu ne vas pas à ton magasin, tu seras grondée... dit Marie.

— Oh! ma foi, tant pis, je dirai que j'ai eu la colique et je ne mentirai pas... Fanfinette, qu'est-il arrivé à votre cousine ?

— Je rentrais avec elle samedi soir, il était onze heures. Voilà que ce petit Sibille nous accoste ; il était avec un monsieur fort bien couvert... il nous dit que c'est un millionnaire... Bref, il me prend le bras de force, alors je dis à Nanine :

— Accepte le bras de ce monsieur...

C'est alors que mon grand serin d'Alexandre est arrivé comme un furibond et a donné à Sibille ce que je vous ai dit. C'est bon ; mais quand je me retourne pour chercher Nanine, plus personne ; elle et le monsieur... il s'appelle Boniface le monsieur... ils avaient disparu ! La cousine avait eu peur en entendant crier Sibille ; croyant qu'on allait se battre, elle s'était sauvée... Ce monsieur courait après elle, ils se sont perdus... Le joli de l'affaire, c'est que le M. Boniface ne connaissait pas son Paris mieux que Nanine, ils ont passé une partie de la nuit à courir les rues, enfin !...

— Ce monsieur l'a emmenée...

— Non, Tontaine, par exemple ! quand on s'appelle Boniface, on ne fait pas de ces choses-là. Nanine s'est retrouvée par hasard devant la maison de mon oncle Poulard... Celui-ci ne voulait pas ouvrir, vu l'heure indue, mais à la fin il a ouvert.

Nanine a passé la nuit dans sa loge, et le lendemain elle est venue me conter tout cela. Je lui ai dit :

— Pourquoi es-tu si bête?... il ne fallait pas te sauver parce que deux hommes se disaient des mots :

Mais entre nous, je crois que la petite cousine n'a pas inventé les paratonnerres... Je viens de la caser dans son magasin, qu'elle y reste... bien du plaisir !

— Dans quoi l'avez-vous mise?

— Dans une maison où on fait la confection... confection d'enfants.

— Et votre partie d'hier? dit Marie ; vous êtes-vous beaucoup amusée?

— Oui, c'est-à-dire comme ça... Ces messieurs ont la fureur d'aller sur l'eau à présent... de faire les marins... il faut absolument aller en bateau... ils ne seront pas contents qu'ils ne nous aient toutes noyées... ce n'est pas déjà si amusant de rester assise dans un canot... moi j'aime mieux courir sur l'herbe... Le petit Jules Binet a manqué de se noyer en faisant des cabrioles dans le bateau... il avait déjà tout le corps dans la rivière, on l'a retenu par son sous-pied...

— Je croyais que les hommes n'en portaient plus?

— Cette Tontaine qui croit savoir ce que les hommes portent.

— Thélénie a dû être bien effrayée? dit Marie.

— Thélénie! ah! elle était bien trop occupée d'un autre jeune homme pour faire attention à

Jules... il aurait pu se noyer, elle ne s'en serait pas même aperçue...

— Ah ! un jeune homme... un artiste... un dessinateur ?

— Oui ; tu le connais ?

— Ces messieurs sont montés ici, hier matin, pour chercher Thélénie... Je ne le connais pas autrement... mais il m'a semblé bien élevé...

— Oui, il est gentil... Thélénie lui a fait de l'œil que c'en était indécent... elle ne le quittait pas... elle se pendait à son bras... Je le répète, c'en était indécent ! A coup sûr je ne suis pas bégueule, mais enfin il y a des convenances...

— Et Jules ne disait rien ?

— Lui ! il jouait à saute-mouton avec son ami le médecin, qui cueillait des plantes et étudiait les simples... encore un qui est dans sa patrie avec les simples...

— Et ce monsieur... Roger avait-il l'air d'être amoureux de Thélénie ?...

— Pas plus d'elle que d'une autre... il me regardait beaucoup... et certainement si j'avais voulu faire la coquette... mais j'étais avec Alexandre, qui n'est pas de la même pâte que Jules...

En ce moment la belle dormeuse se retourne, bâille, se frotte les yeux et murmure :

— Qui est-ce qui bavarde donc comme ça pour m'empêcher de dormir ?... c'est bien peu aimable ! on m'a réveillée...

— Tiens ! voyez donc le grand malheur de réveiller mademoiselle à neuf heures.

— Ah ! je faisais un si joli rêve... je m'enlevais

en ballon avec M. Roger... Tiens ! c'est Fanfinette qui est là...

— Oui, ma chère, qui raconte à ces demoiselles nos prouesses d'hier...

— Qu'est-ce que vous avez mangé à votre dîner ? s'écrie Tontaine.

— Ah ! Tontaine ne sort pas de là : Qu'avez-vous mangé ?

— Dame ! dans une partie de plaisir, il me semble que c'est le principal...

— Oh ! que non !... il y a autre chose... nous avons dansé aussi !

— Jusqu'à trois heures du matin ?...

— Comment, trois heures ! j'étais rentrée à minuit.

— Mais Thélénie n'est rentrée qu'à trois heures, elle... n'est-ce pas, Thélénie ?

La belle brune saute à bas de son lit et commence à s'habiller en disant :

— Oui, mais c'est que nous avons été souper, nous autres !

— Ah ! on vous a menée souper ! dit Fanfinette d'un air de dépit, et qui donc cela ?... M. Roger, peut-être ?...

— Quand cela serait... il me semble que je suis bien libre.

— Ah ! vous êtes libre ! alors le petit Jules Binet est un zéro apparemment ?

— Le petit Jules compte pour ce qu'il est, cela ne vous regarde pas...

— O mon Dieu ! voilà que vous vous fâchez déjà ! quel fichu caractère vous avez !...

— C'est bon ; si mon caractère ne vous plaît pas, vous n'avez pas besoin de venir me voir.

— Aussi n'est-ce pas vous que je viens voir, c'est Marie...

— Merci, murmura Tontaine, moi je ne compte pas... c'est moi qui suis le zéro.

— Voyons, mesdemoiselles, dit Marie, est-ce que vous allez vous quereller, vous fâcher... et pourquoi ?... Vous ne le savez pas vous-mêmes !

— Oh ! moi, je ne me fâche pas, fit Fanfinette ; je dis seulement que quand on est avec son amoureux, je ne croyais pas que l'on pût aller à son nez souper avec un autre.

— Mademoiselle, je n'ai pas quitté Jules pour aller souper avec un autre... M. Roger a proposé de souper, nous avons accepté, ainsi que l'étudiant... le médecin des ânes... et puis M. Lucien Bardecourt, et nous avons soupé chez Bonvalet ; et si je vous dis cela, je vous prie de croire que ce n'est pas pour me justifier devant vous... c'est parce que cela me convient de le dire ; car je me moque de ce que vous pensez comme de Colin Tampon !

— En voilà assez, parfumeuse ! je sais très-bien pourquoi vous êtes de si mauvaise humeur après moi ce matin ! c'est que, hier, vous avez remarqué que M. Roger me faisait des yeux très-tendres.

— Ah ! ah ! des yeux tendres... et il ne va pas faire votre portrait... à vous ?

— Oh ! il me le fera si je le veux...

— Ce n'est pas vrai...

— Si, si, il me le fera si je le veux!

— Il ne vous ne le fera pas, parce que je le lui défendrai?

— Vous avez donc des droits sur lui?

— Peut-être?

— Diable! ça été vite bâclé alors!

— Insolente!...

— Eh! ma chère, pas de gros mots... je ne suis pas une Tontaine, moi, je ne me laisse pas calotter.

— Mesdemoiselles, par grâce!... finissez... pour qui vous prendrait-on... si dans la maison on vous entendait vous disputer ainsi?

— Marie a raison, cela ne vaut pas vraiment la peine que l'on se mette en colère, dit Fanfinetto. Je m'en vais... il est tard... et moi je n'ai pas un patron qui me protége... Viens-tu, Tontaine?

— Oui, je descends avec vous...

— Adieu, Marie.

— Au revoir.

— Quelle mauvaise gale! s'écrie Thélénie, dès que la modiste est partie avec Tontaine. Mademoiselle qui se permet de me donner des leçons... mais tu ne sais pas pourquoi elle est si en colère après moi... C'est parce qu'elle est amoureuse de ce jeune homme, M. Roger, et que celui-ci n'a fait aucune attention à elle... elle a eu beau se tourner, se tortiller autour de lui, l'agacer... lui faire de l'œil... que, parole d'honneur, c'en était indécent... Moi, ça me faisait pitié, et j'ai bien vu que cela ennuyait le jeune artiste... aussi, il ne lui a pas proposé de souper avec nous... voilà ce qui l'enrage ! voilà ce qui la rend comme un croquet !

— Alors, tu crois qu'elle est éprise de M. Roger ?

— Si je le crois ! j'en suis sûre ; mais elle ne fera pas ses frais... Mon Dieu ! il faut que je me dépêche... voilà neuf heures... et quoiqu'on prétende que mon patron me protège... As-tu entendu le coup de patte que la modiste m'a lâché en sortant ?... elle me paiera tout cela...

— Et toi, est-ce que tu aimes ce jeune dessinateur ?

— J'en suis folle, ma chère ! je ne te le cache pas... j'ai rêvé de lui toute la nuit...

— Et... et... M. Jules ?...

— Laisse-moi donc tranquille avec Jules... D'abord, il est trop petit pour moi... quand je lui donne le bras, j'ai l'air d'une géante... ce n'est pas agréable... au lieu que M. Roger... quelle jolie taille... voilà ce qui peut s'appeler un homme !

— Et... crois-tu qu'il t'aime, lui ?

— Je fais plus que de le croire, j'en suis sûre... j'ai un rendez-vous pris avec lui... je te conterai tout, car tu es mon amie, toi, et tu n'es pas coquette, jalouse et envieuse comme cette Fanfinette.

— Au revoir, Thélénie.

— Tu descends dans ton magasin ?

— Oui, il est bien l'heure...

— Moi, pour un rien, je me recoucherais, et je retaperais de l'œil.

— Cela te regarde... au revoir.

Et Marie descend l'escalier en se disant :

— Elles sont toutes amoureuses de ce jeune homme... et elles croient en être aimées... Ce n'est pas possible ; il me semble que ce monsieur ne peut pas aimer tout le monde.

IX

Histoire de tous les temps.

Edouard Roger, le jeune dessinateur sur bois, mais qui dessinait aussi fort bien sur le papier et faisait aussi quelquefois de la peinture, lorsque ses travaux lucratifs lui en laissaient le temps, habitait un petit appartement très-confortable de la rue de Navarin, ce quartier des artistes et surtout des peintres, dans lequel on voit maintenant beaucoup de maisons coquettes, bâties dans le style gothique ou dans le goût de la Renaissance. On peut être certain, rien qu'en les voyant, que ces maisons-là ne sont point habitées par des épiciers.

Roger avait du talent, et, par conséquent, ne manquait jamais d'occupation, maintenant que l'illustration se glisse partout, et qu'une immense quantité de journaux quotidiens ou hebdomadaires n'oseraient point paraître sans être illustrés ! A Dieu ne plaise que nous leur en fassions un reproche ; nous sommes comme les enfants, nous avons toujours aimé les images.

Roger gagnait beaucoup d'argent ; outre cela, il avait environ à lui mille écus de rente ; ce jeune homme était donc à son aise ; ajoutez à cela qu'il était bien fait, joli garçon, qu'il avait reçu une bonne éducation, et enfin, ce qui est le plus rare... qu'il était spirituel, et vous conviendrez sans doute que beaucoup de femmes devaient être envieuses de faire sa conquête.

Eh bien, malgré ses avantages physiques, son esprit, ses bonnes manières et sa position aisée qui lui permettait de satisfaire les fantaisies d'une maîtresse... lorsque toutefois elles n'étaient point ruineuses, ce jeune homme avait toujours été trompé par les femmes... vous me direz peut-être que tous les hommes le sont... je suis trop poli pour vous donner un démenti, mais apparemment que Roger n'était pas de cet avis, car il avait plusieurs fois éprouvé un profond chagrin lorsqu'il avait eu la preuve de la trahison de la personne qu'il aimait ; chose que la plupart des jeunes gens prennent à présent en riant, et, en vérité, ils ont raison.

Mais, vous le savez, on ne se refait pas !... Ah ! si on pouvait se refaire !... Eh bien, je vous parie une chose : presque personne ne se referait... On se trouve toujours si bien !... on aurait peur de se gâter !...

Roger était né avec un cœur aimant, il s'attachait vite et sincèrement à la femme qui se donnait à lui. Avec un tel caractère on est exposé à bien des déboires, et c'est ce qui lui était arrivé. Mais enfin, irrité d'être toujours trompé, de ne trouver pour prix de son amour que mensonges et fourberies, il était tombé dans un excès contraire; persuadé qu'on ne rencontre pas une femme fidèle, il était devenu d'une méfiance extrême, s'était bien promis de ne plus aimer, de ne prendre une maîtresse que comme amusement, comme distraction, d'en changer souvent, et surtout de ne jamais ajouter foi à ce qu'elle lui dirait.

Il est une heure de l'après-midi. Roger est en train de terminer un grand bois. Il est alors seul dans son atelier qui est fort coquet, fort artistement décoré, ce qui est rare chez les peintres qui, en général, adoptent plutôt cette maxime : un beau désordre est un effet de l'art. Mais le désordre poussé à l'extrême devient aussi d'un effet désagréable à l'œil.

On ouvre la porte de l'atelier ; c'est M. Boniface Triffouille qui s'introduit chez l'artiste.

— Bonjour, monsieur Roger !...

— Eh ! c'est monsieur Triffouille... notre joyeux amphitryon de l'autre jour... c'est bien aimable à vous de venir me voir.

— Cela ne vous dérange pas ?... si cela vous dérangeait le moins du monde, dites-le moi !... je sais respecter le travail des artistes.

— Cela ne me dérange nullement; et la preuve, c'est que, si vous le permettez, je vais continuer ce que je fais, tout en causant avec vous...

— Et vous pourrez dessiner tout en causant... cela ne vous importunera pas ?...

— Au contraire, la société me fait plaisir, m'est agréable, et je n'en travaille que mieux.

— Oh! s'il en est ainsi, je prends un siége et je reste. Mais j'ai connu des peintres qui ne pouvaient pas travailler si on les regardait ou si on leur parlait.

— C'est possible, tant pis pour eux : voyez ces grands talents, ces gloires contemporaines... Horace Vernet faisait un chef-d'œuvre tout en riant, en causant, en improvisant des calembourgs avec ses élèves ou ses amis. Court, tout en faisant votre portrait, vous conte des aventures piquantes qui lui sont arrivées dans ses voyages. Alexandre Dumas écrit un drame qui aura deux cents représentations, entouré d'une foule de désœuvrés qui bourdonnent à ses oreilles; et un autre romancier, que je n'ai pas besoin de vous nommer, fait un volume tout en regardant sur le boulevard, ou en écoutant toucher du piano. Ce sont des natures heureusement douées... pour lesquelles le travail n'est pas une fatigue, mais un plaisir. Ceux-là font en huit jours ce que leurs confrères mettaient six semaines à faire, et soyez persuadé que dans les arts, ce qui a été vite fait est toujours le mieux. Un chapitre que l'on aura écrit en deux heures sera cent fois plus attachant, plus amusant que celui que vous aurez mis deux jours à chercher, à polir et à remanier ; le premier jet est comme le premier mouvement, toujours le meilleur.

— Je vous crois, mon cher monsieur Roger, d'autant plus que vous êtes à même de juger cela.

— Eh bien, monsieur Triffouille, depuis que nous nous sommes vus, êtes-vous enfin parvenu à faire, comme vous le désiriez, une petite connaissance?

— Mon Dieu! non; il faut vous dire aussi que mon début dans les aventures galantes n'a pas été heureux. A l'issue de notre dîner, je m'étais laissé entraîner par le petit jeune homme qui était avec son cousin...

— Ah! Sibille !

— Justement, M. Sibille, qui veut qu'on l'appelle Bibille; il m'avait dit : « Je vais vous faire connaître des demoiselles de magasin. » Je ne demandais pas mieux. Il m'a mené rue de Rivoli, nous avons en effet rencontré deux jeunes filles; il a pris le bras de l'une, en me disant : « Prenez le bras de l'autre et allons souper. » Je n'avais pas faim, mais pour faire une connaissance, on peut bien risquer une indigestion. A peine sommes-nous en chemin qu'un jeune homme accourt, repousse le petit Sibille d'une façon... très-brutale... ma demoiselle a peur, me quitte le bras, se sauve; je cours après elle... nous avons passé une partie de la nuit à courir, puis à nous perdre, à rencontrer des manants où des ivrognes... bref, je suis parvenu à conduire ma jeune fille chez un portier qui est son oncle, et je suis rentré chez moi à deux heures du matin. Voilà ma première bonne fortune, ça ne m'a pas encouragé.

— Pauvre monsieur Triffouille!... Ce Sibille est un petit blagueur, vantard, bavard... Il ne faut pas vous fier à lui.

— Il me semble qu'il aurait pu, le lendemain,

venir me demander ce que j'étais devenu... s'excuser de m'avoir quitté ainsi dans la rue, mais je ne l'ai pas revu !

— Si vous croyez qu'il sait vivre... d'ailleurs il est toqué.

— Qu'entendez-vous par toqué, s'il vous plaît ?

— J'entends ces gens qui parlent à tort et à travers sans savoir même ce qu'ils disent, car ils démentiront dans une minute ce qu'ils vous auront dit avant ; qui ne vous écoutent jamais quand vous parlez, qui vous interrompent sans vous rien répondre, qui prétendent tout faire, tout voir, tout connaître, ne font que des maladresses, ne disent que des bêtises, ne s'aperçoivent pas qu'on se moque d'eux, ne peuvent jamais rester en place, importunent tout le monde et sont persuadés qu'on les trouve charmants.

— Ma foi, je crois que j'ai rencontré plusieurs fois des individus qui ressemblent à ce portrait.

— Oh! les toqués sont fort nombreux. Ainsi vous voilà encore à la recherche d'une maîtresse ? Hélas ! oui... Vous n'en manquez pas, vous, monsieur Roger ?

— Mon Dieu, c'est toujours lorsqu'on n'en cherche pas qu'on en trouve... Tenez, dimanche dernier, j'ai fait une nouvelle connaissance... Une fort jolie brune, bien faite, bien prise... des yeux noirs tout à fait andaloux...

— Etes-vous heureux... des yeux andaloux !

— Je n'y pensais pas, moi... c'était dans une partie de campagne... cette demoiselle était avec son amoureux.

— Et vous la lui avez soufflée ?

— Que voulez-vous ?... elle m'a fait tant d'agaceries... je ne suis pas un Caton... et puis le jeune homme qui était avec elle ne s'occupait qu'à sauter... à faire la roue... à marcher la tête en bas... franchement elle mérite mieux que cela.

— Et vous en êtes bien amoureux ?

— Amoureux !... pas du tout !... oh ! c'est fini, mon cher monsieur Boniface... je ne suis plus amoureux... je ne veux plus l'être.

— A votre âge... pourquoi donc cela ?

— C'est justement parce qu'à mon âge il n'est pas agréable d'être trompé, que je ne veux plus l'être ; je conçois, lorsqu'on est d'un âge mûr, que l'on excuse ou que l'on ferme les yeux sur les trahisons d'une maîtresse, et encore cela ne fait-il jamais plaisir. Mais à vingt-six ans, lorsqu'on peut sans fatuité inspirer l'amour, être sans cesse dupé, attrapé, roué !... Ah ! cela irrite, cela blesse... cela vous ulcère le cœur... on en est à se demander si l'amour réel est un mensonge, et si Dieu n'a créé l'homme et la femme que pour que l'une se moque constamment de l'autre, et à la place de ce penchant doux et tendre qui vous entraînait vers ce sexe perfide, vous ne ressentez plus pour lui... je ne dirai pas de la haine... non ! mais quelque chose qui est pire.

— Diable ! vous avez donc été souvent trompé ?

— Toujours, mon cher monsieur, toujours... et je vous jure que je n'avais rien fait pour cela... car j'aimais si sincèrement... et l'on ne pouvait en douter... deux fois surtout... Tenez, vous êtes un homme raisonnable... je vais vous en faire juge.

— Ah ! oui, contez-moi cela... ce sera une leçon pour moi.

— J'avais vingt et un ans à peine. Les femmes étaient mes idoles... l'amour un culte, un besoin, ma vie enfin. Je fis la connaissance d'une jeune actrice charmante... elle n'avait pas la réputation d'être une Lucrèce... mais avoir pour maîtresse une actrice, c'est si séduisant quand on est jeune !... Celle-ci ne brillait pas par son talent, elle ne remplissait que de tout petits rôles... et pas très-bien, mais elle était si jolie... on la gardait au théâtre à cause de cela. Je parvins à m'introduire dans les coulisses, à parler à celle dont j'étais épris ; je lui déclarai mon amour, mon aveu fut très-bien reçu... bref, je devins l'amant de... nommons-la Adine... Ma passion s'augmentait par la possession ; j'avais dit à Adine : « Quand tu ne m'aimeras plus, dis-le moi franchement, quitte-moi, mais ne me trompe pas ; » et elle m'avait répondu : « Je t'aimerai toujours. » Vivre séparé d'Adine me semblait un supplice, elle vint s'établir chez moi ; je n'avais pas encore de talent, je ne gagnais rien et n'avais pour vivre alors qu'un modeste revenu. Je dépensais tout ce que je possédais pour Adine, heureux de contenter ses moindres désirs. Tout à coup, elle tomba malade, une fièvre typhoïde la mit à deux doigts du tombeau. Je ne la quittai pas un instant, je la veillai, je la soignai ; je passais les nuits près d'elle... je faisais des dettes afin qu'elle eût tout ce que le médecin ordonnait pour elle... Enfin elle guérit... elle put retourner au théâtre... et huit jours après, je la surpris dans la loge d'un nouveau débutant... Ah! monsieur... après tout ce que j'avais fait pour elle!... tant d'ingratitude, tant de fausseté me fit un mal affreux!... Je me croyais aimé, moi, j'étais si jeune!... cette trahison me déchira le cœur!...

— Cette demoiselle vous fit-elle des excuses, au moins?

— Ah! mon cher monsieur Boniface, est-ce qu'on fait des excuses pour ces choses-là?... Passons à la seconde histoire : c'était une femme mariée... très-séduisante, et qui, bien que très-coquette, n'avait encore, disait-on, eu aucune faiblesse à se reprocher. J'en devins éperdument amoureux... je parvins enfin à toucher son cœur... mais ce ne fut pas sans peine... Avant de triompher, il me fallut jurer cent fois que je serais fidèle... on me fit sentir toute la grandeur du sacrifice qu'on me faisait... vertu, devoir, repos... que sais-je!... Moi, je ne doutai pas un moment de l'amour de cette dame... qui me sacrifiait tant de choses... et pourtant, lorsqu'une femme trompe son mari pour un amant, il n'y a aucune raison pour qu'elle ne trompe pas ensuite son amant... il n'y a, dit-on, que le premier pas qui coûte, en fait de galanterie, c'est très-vrai, et Larochefoucauld l'a bien dit: Vous trouverez plutôt une femme qui n'aura jamais eu de galanterie, que vous en rencontrerez qui n'en ait eu qu'une seule. Mais alors je n'avais pas encore lu les Maximes de ce profond écrivain.

— Et le mari, vous ne me parlez pas du mari?

— Oh! c'était un excellent homme, mais qui ne

s'occupait que de ses affaires de banque, de bourse, ne songeait qu'à gagner de l'argent, et n'était nullement jaloux : il n'y avait aucun mérite à le tromper. J'étais, depuis quelques mois, l'heureux favori de cette dame, lorsqu'un monsieur, ami du mari, s'avisa de me regarder de travers, de trouver mauvais mes assiduités près de la dame... enfin de chercher à faire naître des soupçons dans l'esprit du mari. Vous comprenez bien que ce monsieur ne faisait tout cela que parce qu'il était lui-même amoureux de la femme de son ami... N'est-ce pas un bien beau service à rendre à un homme, que d'aller lui dire que sa moitié le trompe? Soyez certain que ceux qui font cela, y sont toujours poussés par l'envie, la jalousie et la méchanceté.

Dès que je fus instruit des propos que tenait cet ami dévoué, je dis à ma conquête : « Recevez donc ce monsieur de façon à ce qu'il ne revienne plus chez vous. » Elle me répondit : « C'est aussi ce que je fais, mais je ne puis m'en débarrasser. » Alors, me dis-je, c'est à moi de m'en charger. Je fis en sorte de rencontrer cet homme dans un endroit public, là, je l'insultai de manière à ce qu'il ne pouvait pas faire autrement que de se battre. Nous nous battîmes à l'épée. Je reçus une blessure qui manqua me coûter la vie, enfin je réchappai. Au bout de deux mois je pouvais sortir en voiture. Je me fis conduire dans les Champs-Elysées, me promettant bien d'aller le lendemain voir celle pour qui j'avais failli mourir, et qui, je le croyais du moins, devait m'aimer encore davantage. En passant dans l'Allée des Veuves, je me trouvais devant le *Petit Moulin rouge*, un restaurant fort connu. Un fiacre venait de s'arrêter devant la porte... et j'en vis descendre..., devinez-vous qui?

— Ma foi non !

— Cette dame en question et le monsieur avec lequel je m'étais battu... ils se prirent le bras et se glissèrent rapidement chez le traiteur.

— Oh! c'est trop fort!...

— Oui, c'est pas mal fort, mais c'est comme cela.

Et maintenant, mon cher monsieur Boniface, trouvez-vous étonnant que je n'aie pas la moindre confiance dans ces dames ?

— Sapristi ! cette trahison-là est encore pire que l'autre, et votre dame mariée était une... je n'ose pas dire le mot... Vous avez dû lui adresser de terribles reproches ?

— Jamais ! mon cher monsieur, jamais !...

Le bruit est pour le fat, la plainte est pour le sot ;
L'honnête homme trompé s'éloigne et ne dit mot.

— Ah ! il ne faut rien dire quand on est trompé ?

— C'est de très-mauvais goût... et d'ailleurs cela ne sert à rien. Dans ces sortes de choses, ce qui est fait est fait...

— C'est vrai, ça ne peut pas s'effacer... se biffer comme sur du papier. Voilà, monsieur Roger, des choses dont je ne me serais jamais douté... je ne crois point qu'il s'en passe de pareilles à Orléans... cela me donne beaucoup à réfléchir... il faut que j'en fasse mon profit... et je me demande comment.

— Mon Dieu ! cela doit seulement vous prouver qu'il ne faut pas prendre l'amour au sérieux ; c'est le tort que j'avais, moi, et je m'en suis guéri.

— Alors il faut le prendre gaiement... une maîtresse nous trompe... on la quitte en riant... une autre en fait autant... on rit plus fort... c'est donc cela que les Français sont généralement si gais... Mais j'ai un ami, une ancienne connaissance d'Orléans qui habite Paris maintenant... il se nomme Calvados : celui-là ne pense pas comme vous... il est marié... il a une femme fort gentille, qui l'aime beaucoup... qui en a l'air du moins ; eh bien, Calvados n'est pas heureux, parce qu'il a toujours peur d'être... dans les Georges Dandin ! il n'a aucune raison d'être jaloux... sa femme est fort sage... Eh bien, c'est égal, savez-vous ce qu'il fait ? il passe son temps à éprouver sa femme... à lui tendre des piéges, pour voir si elle succombera, parce qu'il répète toujours : « Je ne le suis pas, mais je veux en être sûr. »

— Diable ! ce mari-là joue gros jeu... mettre sa femme à l'épreuve... c'est dangereux, les femmes n'aiment pas cela.

— C'est ce que je lui dis sans cesse : « Qu'as-tu besoin d'éprouver ta femme ? elle est fidèle... alors il me répète : Je veux en être sûr. »

— Et sa femme sort victorieuse des épreuves qu'il lui fait subir ?

— Toujours ; mais enfin, voilà un homme qui ne serait pas gai du tout si sa femme le trompait.

— Permettez, monsieur Boniface, je vous ai

parlé de ces liaisons que l'on forme quand on est libre, je n'ai pas eu l'intention de vous parler du mariage. Est-ce que vous avez envie de vous engager de nouveau ?

— Oh ! non pas... non pas... j'ai été marié une fois, je trouve que c'est très-suffisant ! et... Ah voilà quelqu'un qui vous arrive.

C'est la jeune Sibille Peloton qui entre comme une fusée dans l'atelier de l'artiste et court à lui, en s'écriant tout d'une haleine :

— Bonjour, monsieur Roger : c'est mon cousin qui, sachant que je passerais par ici, m'a chargé de vous dire que si vous vouliez l'attendre jusqu'à six heures, il viendrait vous prendre et irait dîner avec vous.

— Très-bien, monsieur Sibille, cela suffit, j'attendrai votre cousin.

— Voilà ma commission faite... Tiens ! voilà M. Boniface ! ce cher M. Boniface ! ah ! je suis enchanté de vous rencontrer... et ça va bien depuis l'autre fois ?...

— Oui, monsieur, répond M. Triffouille en prenant un air grave, depuis l'autre fois... quand vous vous êtes sauvé, en me laissant là avec une jeunesse qui se sauvait aussi.

— Comment ! sauvé... moi ? je ne me suis pas sauvé... seulement j'ai lâché Fanfinette parce que je ne voulais pas faire le coup de poing dans la rue avec son amoureux qui est un brutal... fi donc ! je ne me bats pas comme les crocheteurs, moi...

— Mais vous avez reçu un coup de pied.

— Aussi le lendemain je suis allé trouver ce monsieur avec des pistolets.

— Et vous vous êtes battus ?

— Non, il était parti pour Versailles, rive gauche... mais je le retrouverai. Qu'est-ce que vous avez fait de la petite cousine à Fanfinette ?

— Je me suis perdu avec elle dans les rues... je suis sûr que nous avons fait plus de deux lieues !

— Ce pauvre M. Boniface !... et moi je courais après vous en criant : Boniface !... Boniface !... Ah ! monsieur Roger, vous êtes donc avec Thélénie à présent ?

— Qui est-ce qui vous a dit cela, à vous ?

— Dame ! c'est le bruit public... est-ce que vous en faisiez un mystère ?...

— Je fais ce que je veux, cela ne regarde personne.

— Moi, j'en suis enchanté à cause de Jules... ah ! quel serin !... on dit qu'il va débuter au cirque des Champs-Élysées... dans les *Auriol*.

— Est-ce encore le bruit public qui dit cela ?...

— Non, c'est Anisette... connaissez-vous Anisette, une petite qui est dans la mercerie ?

— Non, je ne connais pas cette Anisette-là.

— Est-ce qu'elle est de Bordeaux ? demande M. Trifouille en souriant d'un air content de lui.

— Ah ! M. Boniface fait des mots... ah ! très-joli le mot !... bravo !... je le produirai.

Et Sibille Peloton rit aux éclats, puis va taper sur le ventre de ce monsieur, qui ne sait pas s'il doit rire ou se fâcher de cette familiarité, mais qui se décide à en rire. Le jeune commerçant reprend bientôt en s'adressant à Roger :

— Si vous allez chez Thélénie, vous avez dû voir Marie... Ah! voilà une jolie fille... l'air un peu sérieux, mais j'aime assez cela... Toutes ces demoiselles rient comme des folles pour une mouche qui vole... au moins celle-là a de la tenue, ça change...

— Oui, j'ai vu une jeune personne... qui avait un air fort décent, cela m'a frappé...

— Ah! êtes-vous méchant!... ça l'a frappé... comprenez-vous, papa Boniface?

— Monsieur Sibille, je vous prierai de ne point m'appeler papa; je n'aime pas ça.

— Ah! suffit; mais dans le monde ça se dit! bibi, ou papa... c'est *synagogue*... hi! hi! hi! je l'assomme de mes mots nouveau style.

— Et cette Marie... quel est son amoureux?

— On ne lui en connaît pas encore... mais vous comprenez... elle fait ses coups à la *sardine*... ah! ah! ah! ce bon M. Boniface... il n'y est plus... Je la guigne, cette petite Marie... elle me plaît... il faudra que je me la paye !

Roger jette en ce moment sur le jeune Sibille un regard qui n'a rien de flatteur pour ce dernier. M. Boniface s'écrie :

— Comment! cette jeune fille qui a l'air décent se donne pour de l'argent?

— Ah! permettez; on dit: Je me la paye... c'est un terme usité entre jeunes gens; cela veut dire : il faudra que je lui fasse la cour... que j'en triomphe... Il y a M. Lucien qui en tient aussi pour elle... il la guette dans la rue quand elle va en commission... mais elle y va rarement... C'est un terrible séducteur que M. Lucien Bardecourt.

— Ah ! ce jeune homme qui a tant de barbe... oui, il paraît que c'est un don Juan.

Sibille s'approche de Boniface et lui dit à l'oreille :

— Voulez-vous venir dîner avec deux femmes charmantes ?... partie carrée... elles m'attendront à la gare du chemin de fer de Saint-Cloud... nous irons nous promener à Montretout... hein... c'est séduisant, cela ?

Le provincial hésite, il craint d'être attrapé par le jeune commerçant. Celui-ci reprend :

— L'autre soir, je ne vous avais pas menti... nous avions au bras deux jolies personnes... ce n'est pas ma faute si un brutal, un jaloux est venu tout gâter. Mais, cette fois, pas de danger... elles sont libres comme l'air.

— Au fait, c'est vrai, se dit Boniface ; l'autre fois, cela commençait fort bien, sans ce monsieur qui a fondu sur nous comme une trombe.

— Voyons... ça y est il ?... venez... vous n'en serez pas fâché.

— Et ce sont des dames... auxquelles on peut donner le bras... sans se compromettre ?

— Les deux bras même... des femmes distinguées. C'est décidé... vous acceptez... partons ensemble... sans avoir l'air. Adieu, monsieur Roger, j'ai encore plusieurs commissions à faire... il faut que je me sauve... Mais j'ai un milord en bas... Monsieur Boniface, si vous allez du côté du Palais-Royal, je puis vous y conduire...

— Ma foi, oui, j'ai justement affaire par là... Bonjour, mon cher monsieur Roger... à l'avantage...

— Bien du plaisir ! répond Roger, qui sourit en voyant Boniface partir avec Sibille.

X

Madame de Beauvert et la perruche.

Dans la même maison que Roger, mais au premier étage, habite une dame qui se fait appeler madame de Beauvert.

C'est une femme qui a trente-huit ans, et qui n'en paraît pas plus de trente-trois ; qui a été extrêmement jolie, qui l'est encore, mais qui maintenant emploie toutes les ressources de la coquetterie, et même toutes les ressources de l'art, pour conserver sa jeunesse qui fuit et sa beauté qui n'est plus aussi naturelle qu'autrefois.

Madame de Beauvert a la taille élégante et souple ; en prenant des années, elle est restée mince et svelte, ce qui lui conserve la tournure jeune ; elle a de beaux cheveux blond cendré, dont elle prend le plus grand soin, et dont pas un encore ne s'est montré atteint de cette fatale blancheur qui cause tant de chagrin la première fois qu'on la découvre. Cette dame a de grands yeux, dont la couleur n'est pas bien décidée, mais qui ont de l'éclat, et qu'elle fait manœuvrer d'une façon merveilleuse ; son nez, un peu long, est d'un aquilin parfait ; sa bouche est irréprochable, bien qu'un peu dédaigneuse ; enfin, sa physionomie est très-mobile et sait prendre facilement l'expression des sentiments qu'elle veut exprimer.

Madame de Beauvert a toujours des toilettes de la plus exquise élégance ; elle sort fort rarement à pied, et jamais en fiacre ; il lui faut un remise ; souvent elle a eu une voiture au mois. Elle habite un appartement de mille écus, qui n'est pas très-grand, mais qui est meublé avec un luxe et un goût ravissants. Elle a une femme de chambre qui ne met pas le pied à la cuisine et une cuisinière qui n'entre jamais dans son boudoir. Enfin, elle se dit veuve d'un Américain. Le fait est qu'on ne lui a jamais vu de mari ; mais, en revanche, un grand nombre d'adorateurs, de courtisans, de galants, viennent sans cesse lui faire la cour, lui apporter des loges de théâtre, des billets de concert, puis de ces jolies futilités, de ces riens très-chers que ces dames mettent sur leur étagère, et que souvent elles ne regardent plus ensuite.

Madame de Beauvert a-t-elle de la fortune pour fournir à son luxe, à ses toilettes, à cette vie de plaisir qu'elle mène ?... Non, elle ne possède pas un sou de rente. D'après cela, vous comprenez, je pense, dans quelle classe il faut ranger cette dame : c'est une femme entretenue, mais dans le grand genre, de ces dames qui font beaucoup d'embarras, de bruit, de poussière ; qui n'arrivent au spectacle que quand la pièce est commencée, parlent et rient bien haut pour se faire remarquer; tiennent à la main un bouquet de fleurs rares, mangent des bonbons toute la soirée, et regardent d'un œil dédaigneux les petites grisettes qui valent mieux qu'elles.

Madame de Beauvert, qui n'est pas positivement une sotte, mais n'a que cet esprit superficiel que l'on est encore heureux de trouver dans ces dames, qui souvent sont bêtes comme chou, éprouve parfois cet ennui qui s'attache surtout à ces personnes qui ne savent que faire pour s'amuser, parce qu'à force de vivre au milieu des plaisirs, elles n'en goûtent plus aucun, parce que la satiété a émoussé leurs sens, et que, dans le fond de leur cœur, il n'y a pas le plus petit sentiment sincère, tendre, doux, pour occuper les heures de loisir et goûter une jouissance vraie.

Cette dame passe, à la vérité, une grande partie de la journée à sa toilette, mais il reste encore du vide jusqu'au moment où arrivent ses adorateurs ; elle sait à peine toucher du piano; elle n'y a pas de goût, et la moindre étude la fatigue ; elle prétend aimer la lecture, mais n'a pas plutôt pris un livre, qu'elle bâille et jette le volume de côté ; elle n'a jamais su tenir une aiguille, et d'ailleurs le plus léger travail lui semble indigne d'elle et lui donnerait la migraine. Que faire donc pour se distraire ?... On a des animaux; ces dames ont pour les bêtes un amour qu'elles n'ont jamais ressenti pour les hommes ; et pourtant il y a souvent du rapport.

La belle dame du premier, après avoir adoré un chien, idolâtré un chat et beaucoup aimé un ouistiti, venait de se prendre d'une belle passion pour une perruche, et chez cette capricieuse personne, la dernière fantaisie faisait sur-le-champ oublier les autres. Elle n'avait donc plus ni chien, ni chat, ni singe, mais elle avait une perruche dont elle faisait l'éducation, qui venait se percher sur son épaule, qui mangeait du biscuit, qu'elle tenait au bord de ses lèvres, et disait lorsque quelqu'un entrait chez elle :

— Ah! qu'il m'embête, celui-là !... Ah! c'te tête !... Ou bien : J'ai besoin d'argent... mon chéri..

On voit que l'éducation de la perruche avait été très-soignée. Aussi, madame de Beauvert était folle de son oiseau et riait aux larmes, lorsqu'à l'arrivée d'un certain M. Bernouillet, l'amoureux en pied pour le moment, sa perruche s'écriait :

— Ah! qu'il m'embête, celui-là !

Une fois pourtant, ce monsieur, gros entrepreneur, aussi sot que riche, avait pris la chose de travers et dit à son élégante maîtresse :

— Madame, vous avez une perruche qui est bien malhonnête, bien mal apprise.

Alors la bonne dame avait réprimé son envie de rire, et répondu en minaudant :

— N'allez-vous pas vous fâcher contre un oiseau, et prendre pour vous ce qu'il dit à tout le monde?... Enfin, puisque cela vous déplaît, on tâchera de lui faire dire autre chose...

En effet, l'oiseau fut si bien stylé que, dès qu'il apercevait ce monsieur, il s'écriait :

— J'ai besoin d'argent, mon chéri!

Et cette phrase revenait si souvent, lorsque l'entrepreneur prolongeait sa visite chez sa maîtresse, que notre homme en fut réduit à regretter l'ancienne.

On comprend qu'une perruche si bien éduquée, si utile dans l'occasion, devait être le bijou de Paola (c'est le petit nom de madame de Beauvert); c'était vainement que M. Bernouillet lui répétait souvent :

— Madame, vous avez bien tort de présenter ainsi votre figure à cette perruche, de lui laisser manger du biscuit sur vos lèvres... ces oiseaux-là sont traîtres... ils vous mordent au moment où vous leur faites les plus douces caresses... d'un coup de bec, ils emportent le morceau... Pourquoi exposer votre charmant visage aux caprices d'un volatile qui a un bec si aigu, si long, si effilé ?

Mais la belle Paola tenait d'autant plus à son oiseau que celui-ci déplaisait à ce monsieur, et elle répondait :

— Monsieur, ma perruche m'adore... elle me connaît si bien... elle bat des ailes lorsqu'elle m'aperçoit... elle accourt à ma voix se percher sur mon épaule... et vous voulez que j'en aie peur!... Elle! me faire du mal!... Oh! jamais; je suis sûre que la pauvre Cocotte souffrirait plutôt tou pour moi... C'est chez les bêtes, monsieur, qu'il faut chercher un attachement sincère...

A cela, M. Bernouillet répondait d'un air stupide :

— C'est bien possible, au fait!

Et la perruche accompagnait en criant :

— J'ai besoin d'argent, mon chéri!

Mais voilà qu'un beau jour... justement celui que M. Boniface Triffouille avait choisi pour faire une visite au jeune dessinateur, et peu de temps après qu'il s'était laissé emmener par Sibille, madame de Beauvert, qui s'était placée à la fenêtre avec sa perruche sur son épaule, et prodiguait à son oiseau les plus douces paroles, voit tout à coup Cocotte, quittant l'épaule de sa belle maîtresse, s'élancer dans l'espace, voler sur un balcon, puis sur un autre, et disparaître enfin sans daigner répondre autre chose à sa maîtresse désolée que :

— Ah! c'te tête!

Madame de Beauvert sonne, crie, appelle. La femme de chambre accourt.

— Qu'est-ce donc, madame?... comme vous êtes bouleversée!

— Ah! Léontine, quel malheur! ma perruche... Cocotte... vient de s'envoler dans la rue...

— Ah! mon Dieu! il serait possible!... mais il faut l'appeler... savoir où elle est... ces oiseaux-là ne volent pas loin.

Et voilà la maîtresse et la suivante qui se mettent aux fenêtres, qui appellent les passants, leur demandent s'ils voient la perruche. Bientôt tout le monde s'arrête dans la rue; un monsieur dit :

— Elle est sur le toit de la maison voisine...

— Eh! non, monsieur; c'est un chat que vous voyez! s'écrie une jeune fille.

— Vous croyez... tiens, c'est vrai, c'est un chat... il est tout jaune, c'est ce qui m'a trompé.

— Mais notre perruche n'est pas jaune, dit Léontine, elle est d'un beau vert foncé... La voyez-vous?...

— Ah! oui... la voilà sur le balcon d'une fenêtre, au second... bon, la voilà qui vole au troisième...

— Dans notre maison?...

— Oui, dans votre maison. Ah! elle s'envole... elle se perche à un balcon au quatrième...

— Léontine, je t'en prie, va voir toi-même... est-ce qu'on peut se fier à tous ces gens-là!... S'il faut donner de l'argent pour qu'on rattrape Cocotte, donne... ne le ménage pas ; sème l'or ! mais je veux ma perruche... il me la faut... je ne puis pas vivre sans elle !

La femme de chambre descend dans la rue, aperçoit l'oiseau volage qui est établi sur une fenêtre au quatrième étage, où elle paraît être en grande conversation avec un modeste pierrot qui est dans une cage. Aussitôt elle remonte dire à sa maîtresse :

— Rassurez-vous, madame, Cocotte n'est pas perdue... elle est au quatrième, chez M. Edouard Roger...

— Qu'est-ce que c'est que ça... Edouard Roger?

— Madame, c'est un jeune dessinateur, qui est fort joli garçon et a beaucoup de talent, à ce qu'on dit ; aussi a-t-il toujours beaucoup d'ouvrage...

— Ah! tu l'as donc vu, toi, ce jeune homme?

— Oui, madame, je le rencontre assez souvent dans l'escalier...

— Est-ce qu'il sait se mettre?

— Oh! oui, madame, et très-bien... je vous assure qu'il a une fort jolie tournure...

— Ah!... eh bien... va chercher Cocotte... et dis à ce jeune homme... que s'il veut me rapporter ma perruche... je... je le recevrai... va, Léontine...

— J'y monte bien vite... Oh! certainement, M. Roger sera enchanté de faire connaissance avec madame.

La femme de chambre monte chez Roger. Elle entre dans l'atelier. Le jeune artiste travaillait, et n'avait fait aucune attention au bruit qui se faisait dans la rue. Cependant il paraît surpris en voyant arriver mademoiselle Léontine, qui n'est pas jolie, mais qui a l'air très-effronté.

— Monsieur, je vous demande bien pardon de vous déranger... mais c'est ma maîtresse qui m'envoie parce que sa perruche s'est envolée... mais elle est sur votre balcon... Tenez... là, monsieur... je la vois d'ici. Tenez, elle donne des coups de bec sur la cage...

— Ah! c'est votre perruche qui est là... et qui a l'air de vouloir battre mon pauvre Friquet... qui se réfugie de l'autre côté de la cage en faisant : Couic! couic!... Reprenez-la bien vite, mademoiselle... je ne vous envie pas cet oiseau-là.

Mademoiselle Léontine va prendre la perruche, referme la fenêtre, puis, ayant l'oiseau sur le bout de son doigt, revient vers Roger, en lui disant :

— Tenez, monsieur, voyez comme elle est belle, cette coureuse-là... et quand elle est en train, elle parle si bien !...Ah ! si vous l'entendiez !...

— Sapristi ! mademoiselle, mais je l'entends bien assez quand elle est dans sa cage à une fenêtre de la cour... elle fait des cris horribles... épouvantables... votre perruche... je ne connais rien de désagréable comme le cri aigu, perçant de ces animaux-là !... Ah ! ne me parlez pas de perruche, de perroquet, de cacatoès !... Je ne comprends pas que l'on ait chez soi de pareilles bêtes ! et je vais plus loin, je crois qu'il faut être... je ne trouve pas le mot... pour s'amuser avec un de ces animaux...

— Monsieur aime peut-être mieux le pierrot ! s'écrie Léontine d'un air moqueur.

— Si j'aime mieux un pierrot ?... mais assurément !... c'est-à-dire que je ne vois même pas de comparaison à établir entre eux; car l'un est spirituel, intelligent, aimable, reconnaissant, tandis que l'autre n'est que méchant et bête. Il répète ce qu'on lui apprend par cœur, et dit toujours la même chose à tort et à travers; n'est-ce pas un beau mérite ! Je sais bien que dans le monde il y a des gens qui n'en savent pas plus que les perroquets... mais aussi je ne fais pas ma société de ces gens-là. Un pierrot que vous élevez avec soin devient votre ami, votre compagnon fidèle ; vous lui ouvrez sa cage, il vole dans l'appartement, mais ne songe point à profiter de sa liberté pour vous quitter ; il trotte dans les chambres, se perche sur les meubles, mais il viendra de préférence sur le bureau où vous travaillez, sur le chevalet sur lequel vous peignez ; alors il vous regarde, vous parle, chante pour exprimer sa joie d'être un peu libre et d'être avec vous. Ah! si le pierrot était un oiseau rare ou cher, on lui rendrait plus de justice... mais on en trouve partout, on en achète pour deux sous... comment voulez-vous qu'on leur trouve du mérite ?

Mademoiselle Léontine écoute tout cela comme ces gens qui pensent à autre chose qu'à ce qu'on leur dit. Quand le jeune homme a cessé de parler, elle s'écrie :

— Monsieur, je suis la femme de chambre de madame de Beauvert, qui demeure dans la maison, au premier... vous avez sans doute entendu parler de ma maîtresse ?

— Est-ce qu'elle est au théâtre ?

— Non, monsieur.

— Est-ce qu'elle est artiste, virtuose, peintre ou bas-bleu ?

— Oh! par exemple, monsieur! supposer que ma maîtresse mette des bas bleus! elle qui n'en porte que de soie !...

— Mademoiselle, par bas bleu, on entend maintenant une femme de lettres... qui écrit, fait des pièces, des vers ou des romans...

— Oh! pardon, monsieur, je ne savais pas... Non, madame ne fait rien de tout cela.

— Alors, pourquoi voulez-vous que j'en aie entendu parler?

— Dame... je ne sais pas... parce que madame est très-jolie,.. très-élégante... qu'elle a de ces tournures qui font de l'effet... qui séduisent les messieurs... enfin, parce que, dans le beau monde, elle est très-recherchée... très-fêtée...

— Dans le beau monde ?... Cette dame est mariée ?...

— Non, monsieur, elle est veuve...

— Que faisait son mari !

— Ce qu'il faisait?.. ah! mon Dieu! quelle idée de demander ça!... est-ce que jamais j'ai fait de ces questions-là à madame... Mais vous êtes curieux, vous, à ce qu'il paraît...

— Non; mais vous me dites que votre maîtresse est recherchée dans le beau monde... alors on doit savoir ce qu'elle est... d'où lui vient sa fortune...

— Ah! ah! ah! vous me faites rire !... Quand une femme est très-jolie, très à la mode... ce n'est pas pour s'informer de tout cela qu'on va chez elle...

— Très-bien... j'ai compris.

— Qu'est-ce que vous avez compris ?

— Ce que c'est que votre maîtresse.

— Eh bien, monsieur, elle m'a chargée de vous dire que si vous vouliez, vous-même, lui rapporter sa perruche, elle vous recevrait avec plaisir.

— Vous remercierez votre maîtresse ; mais l'oiseau vous est rendu, vous le tenez, je ne vois pas qu'il soit nécessaire que ce soit moi qui aille le reporter à cette dame, vous ferez vous-même votre commission, c'est beaucoup plus naturel.

— Mais, monsieur, vous ne savez donc pas que c'est une faveur que ma maîtresse vous faisait... elle ne reçoit pas tout le monde.

Roger sourit en répondant :

— Si elle recevait tout le monde, son appartement serait donc comme un omnibus !

— Ah ! monsieur... comparer madame de Beauvert à un omnibus... dans lequel on monte pour six sous !...

— Vous entendez mal ; je n'ai pas fait cette comparaison.

— Enfin, monsieur, vous ne vous trouvez donc pas flatté que madame vous engage à aller la voir ?

— Je ne vois pas en quoi cela est nécessaire. Je ne mérite aucun remercîment pour la perruche ; ce n'est pas moi qui l'ai attrapée, elle est venue se percher sur ma fenêtre, vous l'y avez reprise, je ne suis pour rien dans tout cela.

— C'est-à-dire que vous ne vous souciez pas de venir chez ma maîtresse... Ah ! bien, vous n'êtes pas comme les autres, vous !

— Il paraît qu'il y en a beaucoup d'autres qui y vont.

— Assurément. Oh ! nous recevons beaucoup de monde... c'est-à-dire beaucoup d'hommes, car pour des femmes, il ne nous en vient guère... Voyons, il faut que je m'en aille, car madame doit s'impatienter de ne pas revoir son cher oiseau...

8

une fois... deux fois... descendez-vous avec moi?
— Dix fois, je ne descends pas.
— Alors, bonjour, monsieur... Viens, ma Cocotte, ta maîtresse va te manger de caresses...

Mademoiselle Léontine est bientôt près de sa maîtresse, qui pousse un cri de joie en revoyant sa perruche qu'elle s'empresse de prendre et de couvrir de baisers. Après ce premier moment donné à l'amour ornithologique, cette dame dit :

— Eh bien, et ce jeune homme... il va venir sans doute... il aura voulu faire de la toilette pour se présenter chez moi.

— Non, madame, non, M. Roger ne va pas venir; il a prétendu que ce n'était pas la peine, que vous ne lui deviez aucun remerciment.

— Il n'a donc pas compris que ce n'était qu'un prétexte pour lui permettre de venir me voir? Il est donc bête comme une oie, ce monsieur?

— Oh! non, madame, je ne crois pas... il n'a pas l'air bête... il m'a fait un grand éloge des pierrots et dit beaucoup de mal des perruches.

— L'éloge des pierrots!... Ah ça, décidément, c'est un serin, ton jeune homme!

— Il m'a demandé si madame était mariée... ce qu'était son mari... ce que madame faisait...

— L'impertinent! de quoi se mêle-t-il?... Que lui as-tu répondu?...

— Qu'il était bien curieux, et qu'on ne venait pas chez madame pour lui adresser de ces questions-là.

— Et enfin?

—Enfin, je lui ai encore dit de descendre, qu'il

serait bien heureux en vous voyant... mais c'était
comme si j'avais chanté l'air du *Mirliton*... il n'a
pas voulu.

La belle Paola se pince les lèvres, puis murmure au bout d'un moment :

— Et tu dis qu'il est joli garçon... qu'il a de la tenue, ce dessinateur ?...

— Oh ! oui, madame, il est vraiment très-bien... un air distingué même !... mais je ne lui pardonne pas d'avoir refusé de venir présenter ses hommages à madame.

— Calme-toi, ma chère Léontine... va... quand je le voudrai, il viendra.

Quant à Roger, de son côté, il s'était dit :

— Parbleu ! il faut que je m'informe, et que je sache ce que c'est réellement que ma voisine du premier.

XI

M. et Madame Calvados.

M. Calvados, cet ami de Boniface Triffouille, et dont il a parlé plusieurs fois; est un homme de quarante-huit ans, qui a été assez joli garçon, qui n'est pas encore mal, et dont l'œil vif, le nez retroussé et la bouche bien garnie ont conservé un certain air tant soit peu libertin, qui peut encore aspirer à faire des conquêtes. Mais ce monsieur est marié depuis dix ans à une femme qui en a maintenant trente-trois, qui est gentille, gracieuse, avenante, et il est éperdument amoureux de sa femme.

Cette dame paraît aimer beaucoup son mari ; elle a un soin parfait de son ménage, et quoiqu'elle aime assez à rire, à plaisanter, depuis qu'elle est l'épouse de M. Calvados, on n'a jamais eu à jaser sur sa conduite ; on ne lui a connu aucune intrigue ; enfin, les mauvaises langues même n'ont rien trouvé à lui reprocher. M. Calvados devrait donc être très-heureux d'avoir si bien rencontré et se féliciter de son choix ; mais comme les hommes ne sont jamais contents du lot que leur a fait la destinée, même lorsque ce lot est très-agréable, celui-ci, au lieu de jouir tranquillement de son bonheur, s'avise d'être jaloux et de trembler que sa femme ne le fasse... ce que vous savez bien ! ce que j'ai eu l'audace de donner pour titre à un de mes romans, et ce qui m'a valu force injures de la part de ces gens-là qui trouvent Molière indécent, et à coup sûr n'auraient pas laissé jouer *Sganarelle ou le Cocu imaginaire*.

M. Calvados est donc jaloux ; il n'a aucune raison de l'être, puisque sa femme se conduit bien ; mais les jaloux ne raisonnent pas ainsi. Notre mari se disait :

— Ma femme a été sage jusqu'à présent, je le crois, mais c'est peut-être parce qu'elle n'a rencontré aucun homme qui lui ait plu mieux que moi... si elle en rencontrait un dans cette catégorie... qui me dit qu'elle ne succomberait pas ?... et puis, je la quitte si peu... je suis toujours là...

il est assez difficile de tromper un mari qui est sur ses gardes... mais c'est l'occasion qui fait le larron, et une femme qui n'est sage que faute d'occasions n'a pas grand mérite.

Et pourquoi ce monsieur craignait-il tant d'être trompé? C'est que, dans sa jeunesse, il avait trompé beaucoup de monde; c'est qu'il avait été très-séducteur, très-volage, qu'il avait mis en usage une foule de ruses pour duper des maris, des tuteurs, des pères ou des tantes! et ceux qui en ont tant fait aux autres se figurent toujours qu'on doit user sur eux de représailles...

M. Calvados vivait donc dans une continuelle perplexité : si sa femme avait été très-gaie en société, il se disait :

— Elle a voulu plaire à quelqu'un... Si, au contraire, elle s'y montrait plus sérieuse que de coutume, il se disait :

— C'est qu'elle a en tête quelque chose qui la préoccupe... et qu'est-ce qu'une femme peut avoir en tête si ce n'est une amourette?... Avec de telles idées, on ne doit jamais goûter de repos. Calvados en goûtait fort peu, en effet, il voulait absolument être sûr que sa femme ne succomberait pas dans l'occasion, et pour cela s'était imaginé plusieurs fois de mettre sa vertu à l'épreuve.

Ainsi, retrouvant un jour dans la rue un ami de collége, que sa femme ne connaissait aucunement et qui était fort beau garçon, après lui avoir confié sa position et sa faiblesse, il lui dit :

— Folleval, fais-moi un plaisir.., plus qu'un

plaisir! rends-moi un service... un grand service... dis, le veux-tu ?

Et l'ami Folleval lui avait répondu comme on répond assez ordinairement à une telle demande :

— Mon cher ami, je suis tout prêt, tout disposé... pourvu cependant que je le puisse... que ce soit dans mes moyens.

— Tu le peux parfaitement! tu le peux mieux qu'un autre, parce que tu es encore fort bel homme, que tu as ce qu'il faut pour séduire une femme... pour faire sa conquête... tu dois en avoir fait beaucoup dans ta vie?

— Oui, je l'avoue, j'ai été très-heureux près du beau sexe, j'ai une manière de l'attaquer qui m'a toujours réussi.

— Eh bien, mon ami, il faut essayer de ta manière près de ma femme...

— Qu'est-ce que tu dis?

— Je dis que j'ai une femme fort gentille... tu ne la connais pas encore, mais quand tu l'auras vue, tu comprendras qu'on peut en être jaloux ; je ne t'ai pas caché que j'avais ce malheur. Fais-moi donc le plaisir de faire la cour à ma femme... emploie tous les moyens de séduction, et si elle te résiste... comme je l'espère... alors je ne douterai plus de sa vertu, de sa fidélité, et grâce à toi, j'aurai retrouvé le repos et la tranquillité.

L'ami Folleval avait trouvé la proposition singulière, puis il avait répondu :

— Tu veux tenter là une épreuve qui est bien dangereuse... tu as tort.

— Tort ou non, c'est mon affaire! Je veux être

sûr que ma femme m'est fidèle... et je ne puis en être certain qu'après l'avoir éprouvée...

— Mais enfin si... si ta femme... car il faut tout prévoir, si ta femme ne me résistait pas ?...

— Si elle succombait ?... Oh ! mon cher ami, je la quitterais, je me séparerais d'avec elle... je ne resterais pas avec une femme qui me trahirait !...

— Et crois-tu que tu serais bien heureux alors... et que tu ne regretterais pas ton indiscrète curiosité ?

— Il ne s'agit pas de tout cela... je te demande un service... veux-tu ou ne veux-tu pas me le rendre ? Voilà toute la question. Nous nous connaissons de longue date, j'ai cru que je pouvais me fier à toi. Ai-je eu tort ?

— Ah ! ma foi, puisque tu y tiens tant, soit ! je ferai la cour à ta femme... Tu vas me présenter à elle alors...

— Non, non, ce n'est pas ainsi que je l'entends; une femme résistera plutôt à quelqu'un qui est reçu chez elle... elle craindra qu'un mot, un regard ne trahisse son intrigue ! tandis qu'un amoureux étranger à la maison, c'est moins dangereux et plus commode; il peut se trouver dans tous les endroits publics où va madame, et ne sera pas même regardé par le mari. Par conséquent, devant ma femme, nous ne nous connaissons pas. Ce soir, j'irai avec elle au théâtre du Gymnase, tu la verras... c'est à toi alors de jouer de la prunelle, de commencer ton rôle... parbleu, je n'ai pas besoin de t'apprendre comment on se conduit en pareil cas.

— Non, sois tranquille, je connais mon affaire.

— Et tous les jours nous nous retrouverons dans un café que je t'indiquerai et tu me rendras un compte fidèle de tout ce que tu auras fait.

Les choses s'étaient passées comme M. Calvados l'avait désiré. Le beau Folleval avait joué de la prunelle près de la femme de son ami, il l'avait suivie partout, même le matin, lorsqu'elle allait au marché ; il avait entamé l'entretien en lâchant à brûle-pourpoint une brûlante déclaration ; on lui avait tourné le dos, en le priant de passer son chemin ; enfin il avait glissé un billet doux dans un panier, sous un canard et une botte de radis, et la jeune femme avait montré le billet à son mari, en lui disant :

— Tiens ! voilà ce qu'on a fourré dans mon panier... C'est un grand escogriffe qui, depuis quelques jours, est sans cesse sur mes pas... que je rencontre partout... au spectacle, à la promenade... tu n'as pas remarqué un grand blond, assez beau garçon ?...

— Ma foi, non...

— Oh ! ces maris ! cela ne voit rien ! Mais si ce monsieur ne me laisse pas tranquille, s'il veut encore me parler quand je serai seule, je te promets que je le fais arrêter par un sergent de ville.

M. Calvados était enchanté, et ce jour-là, en allant retrouver son ami, il lui dit :

— Je suis le plus heureux des hommes ! ma femme est une Lucrèce ; elle m'a communiqué ton billet doux et annoncé qu'elle te ferait arrêter par un sergent de ville la première fois que tu lui parlerais... Embrasse-moi... reçois mes remerciments, je suis satisfait, il est inutile que tu continues.

Et l'ami Folleval avait fait une drôle de mine, vexé au fond de l'âme de n'avoir pas séduit cette dame, et se disant à lui-même.

— Oh ! si j'avais voulu !... mais je n'y ai pas mis de chaleur, parce que c'était la femme de mon ami.

Pendant six mois Calvados avait eu l'esprit assez tranquille, mais au bout de ce temps il avait réfléchi que son ami Folleval était blond et que sa femme avait toujours préféré les bruns ; puis, que la conquête d'un homme qu'on ne connaît pas peut sembler dangereuse à une dame mariée ; enfin il avait voulu tenter une autre épreuve, en se servant d'un jeune homme qui était reçu chez lui.

Mais ce jeune homme était assez sot, assez niais, il n'avait accepté que de fort mauvaise grâce la commission dont M. Calvados l'avait chargé. Celui-ci lui avait fourni bientôt une occasion pour être en tête-à-tête avec sa femme. Alors sans préparation, ce monsieur, qui était brun, s'était jeté aux genoux de madame Calvados en lui disant :

— Madame, je suis profondément épris de vos charmes... enfin je suis très-amoureux de vous ; daignerez-vous répondre à mon amour ?

La jeune femme avait répondu :

— Je vous trouve bien hardi de me tenir un tel langage ; je vous pardonne pour cette fois, mais ne recommencez pas, ou je vous fais mettre à la porte par mon mari.

Alors le jeune brun s'était relevé en criant :

— Votre mari ! mais c'est lui qui m'a prié, supplié de vous faire cette déclaration... Je ne suis pas amoureux de vous, moi, madame, et si je vous ai tenu ce langage, c'est pour être agréable à monsieur votre époux.

On doit juger si Léonore (c'est le nom de madame Calvados) fut surprise en apprenant que son mari voulait éprouver sa sagesse. D'abord elle ne fit qu'en rire, mais plus tard elle tança vertement son cher époux, et celui-ci, tout en maudissant l'indiscrétion du jeune homme brun promit à sa femme de ne plus recommencer.

Il tint parole pendant quelque temps ; mais nos passions sont nées avec nous, elles font partie de notre être, nous pouvons les cacher, les modifier, nous ne les chassons jamais entièrement.

A l'époque où Boniface Triffouille était arrivé à Paris, Calvados s'amusait à envoyer à sa femme des lettres anonymes qui contenaient toujours des déclarations de l'amour le plus tendre ; plus tard il mêlait sa prose de vers que l'écrivain chargé de transcrire ses lettres lui assurait être aussi bien tournés que ceux de Voltaire. Puis il indiquait un rendez-vous, en suppliant cette dame de s'y rendre ne fût-ce qu'un moment. Ces jours-là notre jaloux ne manquait pas de trouver des prétextes pour laisser sa femme libre de sortir, puis il courait se cacher près du lieu qu'il avait indiqué pour rendez-vous, et il s'en revenait fort content, parce que sa femme n'y était pas venue.

Léonore se doutait-elle que les billets anonymes qu'elle recevait lui étaient adressés par son mari ? c'est ce qui est probable. Mais un soir, après avoir envoyé un billet, accompagné d'un bouquet magnifique, en annonçant que l'on se promènerait sur les dix heures à l'entrée du boulevard Bourdon, lieu assez désert pour être favorable aux rencontres galantes, Calvados ayant eu soin d'annoncer à sa femme qu'il allait en soirée et ne rentrerait que tard, s'était rendu à l'endroit qu'il avait indiqué dans son billet, et là y avait été reçu par deux Auvergnats qui lui avaient administré une honnête roulée de coups de trique.

Notre homme était rentré chez lui en se tenant les côtes, il s'était mis au lit en disant qu'il avait glissé sur un trottoir, mais il avait souffert sans se plaindre, car il était battu et content sans être encore comme le mari dans le conte de la Fontaine.

Vous connaissez maintenant le ménage Calvados ; ajoutons que tout en étant jaloux de sa femme, cela n'empêchait point ce monsieur d'aller acheter son savon à barbe et son eau de Cologne parfumée dans le magasin où était Thélénie, parce que, au travers des carreaux, il avait remarqué la belle brune, et qu'il était toujours amateur des jolies demoiselles de magasin.

Enfin, comme sa femme faisait faire ses chapeaux dans le magasin de modes où travaillait la sémillante Fanfinette, celle-ci avait quelquefois été chargée de porter chez madame Calvados une capote nouvelle; et lorsque le mari se trouvait là, sous prétexte de voir essayer le chapeau, il ne manquait pas de faire de l'œil à la modiste.

Oh! ces hommes, qui veulent qu'on leur soit fidèle et qui ne le sont jamais! n'est-ce pas absurde?

XII

Une belle calèche.

En sortant, avec le jeune Sibille, de l'atelier de Roger, Boniface Triffouille cherche dans la rue le cabriolet que son compagnon avait dit avoir en bas, mais il n'aperçoit pas l'ombre d'une voiture.

— Eh bien, monsieur Peloton, où donc est ce milord qui vous attendait et avec lequel vous avez offert de me conduire au Palais-Royal?

— Ah! ah! ce bon Boniface... il croit tout ce qu'on dit!... mais ne voyez-vous pas que c'était une colle... autrement dit un prétexte pour vous offrir de descendre avec moi, sans avoir l'air de comploter quelque chose ensemble?...

— Ah! oui... à cause de M. Roger.

— Et puis, voyez-vous, mon cher, en général, quand on va faire visite dans une maison, il faut toujours dire qu'on a une voiture à l'heure qui vous attend... ça fait bien... ça donne de la considération.

— Mais si les personnes auxquelles on dit cela regardent par la fenêtre et voient que vous filez à pied ?

— Alors c'est votre cocher qui s'est impatienté et ne vous a pas attendu...

— Vous avez réponse à tout !

— Il faut cela ! il faut avoir de l'aplomb ! A Paris, si vous n'avez pas d'aplomb, vous êtes coulé !... Ah ! maintenant nous allons prendre une voiture... un remise... guettons un remise.

— Pourquoi faire ?...

— Il est charmant ! pour monter dedans... il faut tâcher d'avoir une calèche... une jolie calèche à deux chevaux.

— Je croyais que nous allions trouver deux dames à l'embarcadère de Saint-Cloud, rue Saint-Lazare...

— Oui, sans doute, nos dames se trouveront-là ; mais ce n'est pas une raison pour prendre le chemin de fer... c'est bien plus galant de mener nos dames à Saint-Cloud en calèche... Elles seront enchantées d'aller en calèche, d'autant plus qu'il y en a une qui a peur en chemin de fer... Est-ce que vous aimez ça, vous, les chemins de fer?

— Dame, quand on est pressé...

— Ah ! oui... quand on est pressé, c'est très-utile ; mais quand on n'est pas pressé, c'est bien plus gentil d'être dans une voiture à soi... et puis c'est meilleur genre ; tout le monde va en chemin de fer, tout le monde ne peut pas aller en calèche ! Ah ! je sais où il y a par ici un loueur de voitures, nous allons y trouver notre affaire.

9

Sibille conduit Boniface dans une rue voisine, et là ils trouvent en effet un loueur de voitures qui en a de toutes les façons et de fort élégantes. Sibille choisit une jolie calèche, recommande qu'on leur donne un bel attelage, et voudrait aussi que le cocher eût une perruque poudrée à blanc, mais comme il n'y a là que des cochers à la Titus, il faut s'en contenter.

— Et le prix?... combien nous prendra-t-on ? dit tout bas Boniface à son compagnon.

— Le prix, cher ami ? eh ! mon Dieu, le prix ordinaire sans doute... Monsieur le loueur, il est bientôt trois heures, nous garderons cette calèche toute la journée... jusqu'à minuit... peut-être plus tard, on ne sait pas... combien nous prendrez-vous ?

— Monsieur, ce sera vingt-cinq francs jusqu'à minuit, chaque heure en plus se paie deux francs cinquante,. et vous nourrirez le cocher...

— Cela me semble horriblement cher! murmure Boniface à Sibille.

Et celui-ci répond :

— Mais non... ce n'est pas cher... c'est le prix... Faites atteler tout de suite, monsieur... et de beaux chevaux.

— Soyez tranquilles, messieurs, vous serez satisfaits.

Boniface, qui ne s'attendait pas à faire une partie si complète, ne sait pas s'il doit être content, mais son jeune compagnon a l'air ravi, il se frotte les mains en s'écriant :

— Nous allons un peu faire notre poussière...

Cette pauvre Anisette sera-t-elle contente !... il y a si longtemps que je lui promets de la mener en calèche !... elle sait que j'ai l'habitude de mener une maîtresse en voiture au bois de Boulogne... et elle me répétait sans cesse :

— Quand donc ce sera-t-il mon tour ?

— Ah ! c'est donc mademoiselle Anisette que nous allons retrouver ?

— Oui, Anisette, pas de Bordeaux... mais de Pantin, et qui loge dans la rue Saint-Denis... eh !... eh !...

— Vous m'aviez dit que nous allions avec des dames... distinguées ?

— Eh bien ! Anisette est très-distinguée, elle a même sur la joue gauche un gros signe noir... un grain de cassis... toutes les femmes n'ont pas cela.

— Et la personne qui sera avec elle ?... car enfin, puisque mademoiselle Anisette est votre maîtresse, je ne puis adresser mes vœux qu'à l'autre.

— Celle qui sera avec elle... C'est Edelmone... Oh ! une femme superbe... une blonde... toujours frisée à la Ninon... Elle est un peu vaporeuse, mais je suis sûr qu'elle vous plaira...

— Et que fait-elle, mademoiselle Edelmone ?

— Des corsets... Elle était chez un confiseur, elle a abandonné les sucreries pour les corsets... mais sa véritable vocation est le théâtre... elle étudie des rôles, elle débite des tirades, tout en faisant son ouvrage ; elle débutera un de ces soirs, et je lui ai promis d'avance de la claquer.

Les chevaux sont mis à la calèche, ils sont fringants et bien accouplés. Le cocher est un gros père dont le nez est un peu rouge, ce qui enchante Sibille qui s'écrie :

— Cela lui donne un air de cocher de bonne maison... sa redingote peut passer pour une livrée... c'est dommage qu'il ait un chapeau rond... un tricorne vaudrait mieux;

— J'ai un chapeau à trois cornes, monsieur, qui vient de mon frère qui conduisait des corbillards.

— Ah! merci, ce n'est pas cela que j'entends... un tricorne, c'est un lampion, c'est tout plat...

— Je n'en ai pas, monsieur.

— Tant pis... c'est bien plus *chic !* Boniface, si nous lui achetions un tricorne plat en route ?...

— Mais non... mais non... je trouve ce cocher très-bien comme cela.

— Allons ! en voiture alors !

Et Sibille saute dans la calèche, s'étale sur la banquette du fond, de manière à laisser à peine une place pour son compagnon :

— Où faut-il conduire ces messieurs ?...

— A l'embarcadère de la rue Saint-Lazare, dit Boniface.

— Non, non ! pas encore ! s'écrie Sibille, nous avons le temps... D'ailleurs j'ai affaire boulevard Montmartre. Cocher ! boulevard Montmartre, devant le passage Jouffroy.

— Mais si ces demoiselles nous attendent...

— Elles attendront... il faut toujours se faire désirer par les femmes... c'est bon genre !

— Mais si elles s'en vont ?

— Oh ! pas de danger ! quand il s'agit d'un dîner

chez le traiteur... elles attendraient par une pluie d'orage, et sans riflard.

— La calèche part. Sibille est radieux, il ne sait comment se tenir pour qu'on le voie bien ; lorsqu'on arrive sur les boulevards il se lève, et se tient debout un moment.

— Est-ce que vous voulez descendre ? dit Boniface.

— Pas encore... c'est que je cherche mon mouchoir... Notre équipage fait un fameux effet ! tout le monde nous regarde !

— On nous regarde parce que vous vous tenez debout... on croit que vous vendez quelque chose.

Sibille se décide à se rasseoir, mais il se penche tantôt à droite, tantôt à gauche, et tellement que plusieurs fois Boniface s'écrie :

— Prenez donc garde ! vous allez tomber !

— N'ayez donc pas peur... les voitures ça me connaît !

— Vous saluez à chaque instant, vous connaissez donc bien du monde ?

— Tout Paris, mon bon, tout Paris..,

— Mais on ne vous rend pas vos saluts ?

— Ils n'ont pas le temps, parce que nous passons trop vite.

La calèche s'arrête devant le passage Jouffroy. Sibille regarde autour de lui, et n'a pas l'air de savoir ce qu'il veut faire.

— Eh bien, c'est ici que vous aviez affaire ? dit Boniface.

— Oui... oui... je vais acheter des cigares...

Et il saute en bas de la voiture et entre chez le

marchand de tabac, il revient bientôt ayant à la bouche un énorme cigare, et remonte en calèche où il offre un cigare à Boniface qui le refuse en disant :

— Comment ! c'est pour acheter des cigares que vous nous faites conduire ici ! nous en aurions trouvé sur notre chemin.

— Mais pas si bons que ceux-ci, cher ami !

— Enfin... cocher !... à l'embarcadère de...

— Non, non, pas encore... il faut que je passe rue du Sentier devant mes anciens patrons...

— Pourquoi faire ?...

— Pour parler à quelqu'un...

— Mais les demoiselles ?...

— Elles attendront... d'ailleurs, c'est à deux pas.

Le cocher se dirige dans la rue du Sentier. Lorsqu'il entre dans cette rue, Sibille lui crie :

— Cocher, pas trop vite dans cette rue,.. Je cherche quelqu'un... une adresse...

— Suffit, monsieur.

Et la calèche va presque au pas.

— Pourquoi allons-nous si lentement ? demande Boniface que ce manége commence à ennuyer.

— Parce que... j'ai d'anciens camarades qui sont employés dans les magasins dont cette rue fourmille... je tiens à ce qu'ils me voient.

— Mais, sapristi ! cette rue est très-longue... nous n'en sortirons jamais alors !

— Si fait ! si fait !... Ah ! voilà Georges et Laurent... au pas, cocher, au pas !

Deux jeunes commis causaient devant leur magasin, ils lèvent la tête en voyant arriver une calèche, puis en apercevant dedans Sibille, qui les salue d'un air protecteur, ils se mettent à rire en s'écriant :

— Ah ! c'est Sibille !... Sibille en calèche à deux chevaux... Ah ! qu'il est beau là-dedans ; il ressemble à *Mangin*... Dis donc, Sibille, tu devrais vendre des crayons là-dedans, il ne te manque qu'un casque !... Sibille, ce n'est pas toi qui la paye la calèche ? hein... tu as trouvé un pigeon, à ce qu'il paraît.

Le jeune Peloton devient rouge de colère et dit au cocher :

— Filez, cocher, filez vivement !

— Il me semble, murmure Boniface, que ce n'était pas trop la peine de vouloir passer au pas dans cette rue, pour y entendre ce qu'on vient de vous dire !

— Ah ! ce sont des farceurs... ils m'ont dit tout cela parce qu'ils sont vexés de me voir en calèche.

Le cocher est au bout de la rue, il s'arrête en disant :

— De quel côté, bourgeois ?

— A l'embarcadère de Saint-Cloud...

— Non... non... pas encore ! dit Sibille, je ne serais pas fâché de passer un peu sur le boulevard du Temple, devant les *Délass. Com.*

— Ah ! pour le coup, monsieur, c'est trop fort ! s'écrie Boniface qui cette fois perd patience ; si vous m'avez fait prendre une calèche à la journée seulement pour vous montrer en voiture devant toutes vos connaissances, moi, cela ne m'amuse pas ! Je vous préviens que j'en ai assez et je descends !...

— Oh ! si vous vous fâchez, mon bon, n'en parlons plus... je n'y tiens pas... au fait, ces demoiselles pourraient s'impatienter. Cocher, à l'embarcadère, rue Saint-Lazare !

On part, et le jeune homme, qui tient à remettre son compagnon en belle humeur, lui dit :

— Voyez-vous, mon cher monsieur Boniface, je désirais passer devant le théâtre des Délassements parce qu'il y a par là de charmantes petites actrices qui adorent aller en calèche... et comme la nôtre a un certain éclat bourgeois qui attire l'œil, nous en aurions trouvé à choisir, qui n'auraient demandé qu'à venir avec nous.

— Y pensez-vous ?... et ces demoiselles que nous allons rejoindre ?...

— Abondance de bien ne nuit pas.

— Et votre Anisette, qu'aurait-elle dit ?

— Anisette est très-bien dressée... elle n'est pas jalouse.

— Moi, je trouve que c'est bien assez de la société de deux dames pour nous deux.

— Vous êtes province, mon cher ! mais enfin vous serez satisfait.

On arrive à l'embarcadère ; ces messieurs descendent de voiture et vont se diriger vers le premier vestibule, lorsque deux dames accourent au-devant d'eux en criant :

— Ah ! le voilà enfin, ce méchant gamin ! nous faire attendre ainsi !... Fi ! le vilain !... il y a une heure que nous croquons le marmot !... Edelmone me disait déjà : Il ne viendra pas ton Sibille, il a voulu nous faire poser, et voilà tout.

— Ah ! mesdemoiselles, quelle idée ! est-ce que je fais de ces choses-là !

— Non, vous n'oseriez pas, ce ne serait pas la première fois.

Pendant que cette conversation a lieu, Boniface examine les deux femmes que son jeune compagnon lui a tant vantées, et d'abord il n'est pas séduit par l'éclat de leur toilette, qui est des plus simples, et pourrait même être moins négligée. Mademoiselle Anisette, la petite brune qui a un nez retroussé, un grain de cassis sur la joue gauche et l'air très-commun, porte une robe de barége extrêmement foncée et dont les volants sont décousus à plusieurs places ; sur sa tête elle a un chapeau, plus petit qu'un bonnet, et qui est posé tellement en arrière que, vue de face, on jurerait qu'elle est seulement coiffée avec une collerette ; un petit châle à carreaux écossais est jeté sur ses épaules et en laisse toujours une à découvert. Mademoiselle Edelmone est une grande blonde efflanquée, qui marche si singulièrement qu'elle a l'air de boiter. Ses traits ne sont pas laids, mais ils manquent totalement de fraîcheur ; celle-ci est presque entièrement entortillée dans un châle bleu à palmes, qui lui descend jusqu'aux talons et laisse heureusement fort peu de place pour voir sa robe. Sur sa tête est un chapeau qui la coiffe assez bien ; au total, sa toilette serait assez convenable si elle n'avait pas à ses pieds des souliers qui ne veulent plus y tenir, tant ils sont éculés ; et ces misérables souliers sont peut-être cause de la façon malheureuse dont elle marche.

Boniface ne peut s'empêcher de penser que les toilettes de ces dames ne sont guère en harmonie avec l'élégance de leur calèche, et que le jeune Sibille, qui voulait acheter un tricorne pour leur cocher, ferait beaucoup mieux de donner une robe neuve à sa maîtresse. Mais déjà Peloton lui a pris la main et le présente aux deux demoiselles :

— Mesdemoiselles... ou mesdames... les deux peuvent se dire, permettez-moi de vous présenter mon ami intime, M. Boniface Triffouille... qui est millionnaire et sera enchanté de faire votre connaissance.

Les demoiselles saluent, la grande Edelmone manque de tomber en marchant sur son châle.

— Ah ! monsieur s'appelle Triffouille ? dit Anisette en riant ; en voilà un nom cocasse ! Moi, j'ai connu des messieurs qui étaient bien trifouillons.

— Ah ! vois donc, ma chère, dit mademoiselle Edelmone, comme monsieur a un faux air de *Dumaine*.

— Ah ! bon ! la voilà qui commence ses bêtises !

— Assez, Anisette, de la tenue, ma chère.

— Est-ce que monsieur est de notre dîner à trente-deux sous par tête ?

— Il est bien question de dîners à trente-deux sous ! fi donc ! je plaisantais quand je vous proposais cela !... Tenez, mesdemoiselles, voyez-vous cette calèche à deux chevaux blancs arrêtée là-bas ?...

— Ah ! qu'elle est élégante... c'est un peu *rupin* ça !

— Eh bien, c'est notre voiture ; elle nous attend... elle est à nous pour toute la journée.

— Il serait possible !... c'est pas vrai ; Sibille nous dit des *blagues*.

— Demandez plutôt à mon ami.

— Oui, mesdemoiselles, répond Boniface, cette calèche est à nous, et quand il vous plaira d'y monter...

— Oh ! tout de suite, monsieur, tout de suite.

Et les deux demoiselles prennent chacune un bras à ces messieurs et les entraînent si vivement vers la calèche, qu'en chemin mademoiselle Edelmone manque de perdre un de ses souliers, et son cavalier se dit :

— Heureusement qu'une fois en voiture elle n'aura plus besoin de marcher.

Il serait difficile de rendre l'air radieux des deux jeunes femmes en s'étalant sur la banquette du fond de la calèche, et le ton important de Sibille, en criant au cocher :

— A Saint-Cloud ! par le bois de Boulogne !... par la grande allée !... par le lac !...

XIII

Un Four-in-Hand

La calèche est partie ; de temps à autre ces demoiselles font des bonds de joie sur leur banquette, au point que Sibille est obligé de leur dire :

— Modérons-nous ! ou nous allons sauter en dehors.

— Ah ! c'est que nous sommes si contentes !

— En voilà une jolie surprise !

— Il y a longtemps que je vous préparais celle-ci, mesdemoiselles.

— Seulement, si nous avions été prévenues, nous aurions fait plus de toilette.

— Bah ! nous allons à la campagne... c'est bon genre de ne point y aller paré. Comme ça file bien, hein ? quels bons chevaux ?

— C'est un équipage princier.

— Tout à l'heure, dans le bois, je conduirai un peu... vous verrez comme je conduis bien !

— Vous, Sibille, vous saurez conduire une calèche ?

— Je crois bien... les chevaux ça me connaît, je suis ce qu'on appelle un *four-in-hand*.

— Ah ! qu'est-ce que c'est que ça ?

— Un terme anglais, pour dire un excellent écuyer qui sait tenir quatre chevaux en mains.

— Et vous, monsieur ? dit la grande Edelmone, en s'adressant à son vis-à-vis, êtes-vous aussi un four... comme monsieur ?

Boniface, qui, depuis qu'on était en voiture, faisait son possible pour trouver la demoiselle blonde jolie, sans pouvoir y parvenir, répond de l'air le plus gracieux :

— Mademoiselle, je n'ai jamais su conduire une

voiture... j'aime mieux me laisser mener... même par les dames.

— Ah ! bravo, Boniface ! joli le mot, très-joli !

— Monsieur a la voix de Laferrière, une voix sympathique, touchante...

— En fait de voix, moi je demande du tabac pour me faire des cigarettes ; en as-tu, Sibille ?

— Quelle question ! un homme sans tabac, à présent, c'est un pâté sans croûte.

— Et du papier à cigarette...

— Voilà tout ce qu'il faut, chère amie.

— Mademoiselle sait confectionner des cigarettes ? dit Boniface à Anisette.

— Je crois bien ! on est un peu renommée pour cela... et d'une seule main. Tenez, regardez, monsieur.

La jeune brune roule dans sa main droite le tabac et le papier avec infiniment d'adresse et de dextérité ; en quelques secondes elle a fabriqué la cigarette qu'elle présente à Boniface ; celui-ci la prend en s'écriant :

— C'est merveilleux ! vous avez là un bien joli talent.

— Oh ! maintenant c'est indispensable et cela doit faire partie de l'éducation des femmes.

— Vous croyez ?

— Dame ! puisque tout le monde fume.

Et les deux demoiselles se mettent à fumer, et Boniface se décide à en faire autant pour se mettre à l'unisson, et la grande Edelmone lui fait de l'œil, en lui disant :

— Vous me rappelez à présent Paulin Ménier.

— Dans quelle pièce ? demande Sibille en riant.
— Dans... dans... Ah ! je ne sais plus le titre.
— Ça doit être dans le *Courrier de Lyon*.

Lorsqu'on est arrivé au bois de Boulogne, Sibille dit au cocher :

— Arrêtez un moment, cocher ; je vais monter à côté de vous et je conduirai à mon tour.

Mais le gros cocher répond :

— Oh ! non, monsieur, ça ne se peut pas ; je ne laisse pas conduire mes chevaux par d'autres que moi.

— Par d'autres qui ne sauraient pas conduire, vous auriez raison ; mais avec moi, il n'y a pas de crainte. Je suis un *four-in-hand*.

Le cocher, qui ne comprend pas l'anglais, secoue la tête en disant :

— Four, tant que vous voudrez, monsieur ; ces chevaux-là sont très-difficiles à conduire... pour un rien ils s'emportent ; il faut joliment les tenir allez !

— Je les tiendrai aussi joliment que vous.

— Non, monsieur, cela ne se peut pas ; d'ailleurs cela m'est défendu... s'il arrivait un malheur, ça retomberait sur moi.

— Mais il n'en arrivera pas, puisque je conduis comme Phaéton.

— Non, monsieur ; mes chevaux ne connaissent que moi... cela ne se peut pas.

Sibille se retourne avec humeur, en disant :

— Est-il entêté ce cocher ! est-il stupide avec ses chevaux qui ne connaissent que lui !

— Mon petit, j'aime tout autant que tu ne conduises pas, dit Anisette, tu es si vif, tu pourrais prendre le mors aux dents.

— Anisette, quand je vous dis que je sais conduire, c'est que je sais conduire ; que diable ! ce cocher est un crétin ; mais au reste, nous verrons plus tard, je n'en aurai pas le démenti.

On a traversé le bois de Boulogne, où les deux demoiselles de magasin croient avoir produit beaucoup d'effet parce qu'elles ont constamment fumé dans la calèche, et en effet, leur toilette singulière y a fait sensation ; on se dirige vers Saint-Cloud.

— Il faut tout de suite aller dîner, n'est-ce pas, messieurs ? d'abord nous mourrons de faim, Edelmone et moi, dit Anisette.

— Oh ! je n'ai pas si faim que ça, répond la demoiselle blonde.

— Menteuse !... A l'embarcadère, elle me disait qu'elle croquerait un oignon cru.

— Ma chère, en Espagne on en mange souvent ainsi, et je ne sais plus dans quelle pièce j'ai vu manger de l'oignon cru.

— A un acteur, en scène ?

— Non, à un spectateur qui était au paradis et qui jetait les épluchures sur la première galerie.

— Ah ! pas mauvais ! Edelmone nous fait poser. Mesdames, nous dînerons à la *Tête-Noire*. C'est un des meilleurs restaurants de Saint-Cloud. Cela vous va-t-il, mon bon Boniface ?

— Moi, tout me va, du moment que cela convient à ces dames.

— Est-il galant, mon ami ! Hein ! mesdemoiselles, on ne vous dit pas souvent de ces choses-là.

— Par exemple ! Vous croyez donc, Sibille, que tout le monde vous ressemble.

— Ah ! je réfléchis... où mettrons-nous notre calèche pendant le dîner ? je ne crois pas qu'on loge les chevaux à la *Tête-Noire*.

— Nous ne sommes pas les premiers qui allions là en équipage, par conséquent il y a dans les environs des endroits pour les chevaux. Vous n'avez donc jamais été à Saint-Cloud en remise... jeune peloton ?

— Si fait... si fait... Mais nous y couchions, alors on renvoyait la voiture.

— Vous nous ferez manger de la matelote, messieurs ?

— Tout ce qui vous sera agréable, mesdames, répond Boniface en s'inclinant ; et cela lui vaut un coup de genou de son vis-à-vis qui lui dit :

— Avez-vous vu Mélingue dans *Fanfan la Tulipe ?*

— Non. Pourquoi ?

— Vous avez une tête comme lui.

— C'est un grand artiste ?

— Oui ; c'est ce qu'on appelle au théâtre une étoile.

— Décidément, il paraît que je ressemble à beaucoup d'étoiles, se dit Boniface en se donnant un air penché.

On est arrivé sur la petite place de Saint-Cloud, où est situé le restaurant fameux de la *Tête-Noire*. On descend de voiture. Edelmone prend le bras de

Boniface et recommence à boiter où à traîner son soulier, ce que son cavalier ne parvient jamais à savoir. Sibille demande au cocher où il compte se mettre avec la calèche, et celui-ci lui montre un petit cabaret en lui disant :

— C'est toujours là que je mange quand je viens à Saint-Cloud. Est-ce la peine de dételer les chevaux ?

— Non, non, ne dételez pas ; ils peuvent manger sur place. Donnez-leur ce qu'il leur faut, et puis soignez-vous, c'est mon ami qui régale.

— Suffit, bourgeois ; mais soyez tranquille, j'ai toujours l'œil sur mes chevaux.

— Oh ! parbleu ! on n'emportera pas la voiture.

— Non ; mais c'est mes chevaux qui pourraient s'emporter.

— On dit à un petit gamin de veiller sur eux.

— Oh ! je ne m'y fierais pas.

Sibille va rejoindre la société, en cherchant dans sa tête comment il fera pour éloigner le cocher, car il veut absolument montrer à ces demoiselles qu'il sait conduire une calèche. Boniface s'est fait donner une chambre. Anisette et Edelmone boivent déjà de l'absinthe, et Sibille leur dit :

— Mesdames, laissons mon ami le millionnaire commander le dîner... rapportez-vous-en à lui, il s'y entend ; dernièrement il nous a traités chez Chaveau, moi et quelques autres jeunes gandins ; je vous certifie que le dîner était du premier numéro.

— Commandez, monsieur Triffouillon, dit Anisette ; mais n'oubliez pas la matelote et des goujons frits.

Boniface, flatté de la confiance qu'on lui témoigne, descend à la cuisine. Pendant son absence, Sibille dit aux jeunes filles :

— Mesdemoiselles, ménagez-vous sur l'absinthe : je vous ai annoncées à mon ami comme des personnes comme il faut, n'allez pas vous griser.

— Qu'il est bête ! comme si nous avions l'habitude de boire.

— C'est justement parce que vous n'en avez pas l'habitude que le moindre excès vous ferait mal.

— C'est bien plutôt à vous, Peloton, qu'il faut recommander cela. Nous vous avons vu plus d'une fois... Ah ! les yeux vous sortaient de la tête.

— Mesdames, il est permis aux hommes de se donner une petite pointe. C'est bon genre, c'est Anglais. Souvent, à l'issue d'un repas, des gentlemen roulent sous la table, ce qui ne les empêche pas d'être des hommes *serious*.

Le retour de Boniface met fin à cette conversation et l'on ne tarde pas à se mettre à table. Les deux demoiselles causent fort peu pendant le commencement du repas, elles ne songent qu'à manger et s'en acquittent si bien que Sibille leur dit :

— Ne mangez donc pas si vite, vous allez vous étouffer, rien ne nous presse.

— Ah ! tout cela est si bon !

— Ah ! monsieur, dit la grande blonde, en jetant sur Boniface un tendre regard, comme vous commandez bien à dîner.

— Je suis charmé, mesdames, si tout ceci est de votre goût.

— Nous serions bien difficiles.

— Je m'abonnerais bien à un pareil ordinaire.

Sibille mange moins que les demoiselles, mais il boit beaucoup. Au troisième plat, il demande du champagne, en s'écriant :

— C'est le vin des dames, il faut les régaler ; n'est-ce pas, mon bon Boniface ? ne faisons pas les choses à demi.

— Oui, oui, du champagne... tout ce qui sera agréable à la société.

Le champagne est apporté. Sibille veut le déboucher ; il en envoie plein l'assiette d'Anisette, qui s'écrie :

— Ah ! dans ma matelote... est-il maladroit !

— Elle n'en sera que meilleure... une matelote au champagne, c'est un mets digne des dieux. Je bois à mon ami Boniface !

— Ah ! oui, à la santé de monsieur !

— Mesdames... mon cher ami... je suis bien sensible...

— Je vous déclamerai tout à l'heure une scène de la *Tour de Nesle*, dit Edelmone.

— Oh ! non, non, je m'en défends ! s'écrie Sibille, pas de drame. Un refrain à boire, cela vaut mieux.

On trinque ; mais Sibille vide trois fois son verre avant que les autres aient achevé le leur, et Anisette lui dit :

— Mon petit, je ne sais pas si le champagne est le vin des dames, mais il me semble qu'il est terriblement le vôtre.

— Mesdemoiselles, il ne faut pas prendre le café ici... après le dîner nous irons le prendre à Sèvres.

— Pourquoi cela ?

— Parce que nous ferons une jolie promenade en calèche, en dehors du parc, au bord de l'eau.

— Est-ce qu'on peut y passer en voiture ?

— Oui, vous verrez ; c'est moi qui vous conduirai.

— Vous ! le cocher ne veut pas vous laisser mener les chevaux.

— Le cocher ! je lui ferai voir le tour. Chut ! silence !

Avant la fin du dîner, Sibille sort, va trouver le cocher et lui dit :

— Amenez-nous la calèche devant le restaurant où nous dînons ; nous allons partir.

Puis il retourne chez le traiteur. Bientôt le garçon vient annoncer que la calèche est en bas. Alors Sibille descend et dit au cocher :

— Nous ne sommes pas encore prêts à partir. Retournez à votre cabaret boire une bonne bouteille, revenez dans un quart d'heure, une demi-heure même, c'est assez tôt.

— Et ma voiture? mes chevaux ?

— Ce garçon y veillera, c'est convenu, il ne les perdra pas de vue.

— En ce cas, je vais risquer une vieille bouteille... à vos frais... bourgeois ?

— Pardieu ! puisque c'est convenu.

Le cocher s'éloigne en recommandant toujours ses chevaux au garçon auquel Sibille a donné le mot. Ce dernier monte vivement rejoindre sa compagnie en disant :

— A présent, vos chapeaux, mesdames. Dépêchons-nous pour jouir du reste de la soirée. Boniface, payez la carte, cher ami ; nous compterons plus tard.

— Nous partons déjà ?

— Nous allons faire un tour de promenade, puis nous reviendrons ici. Allons, en route, la calèche est en bas.

Sibille presse tout le monde. Boniface paye la carte en faisant un peu de grimace parce qu'il la trouve salée ; mais les deux demoiselles sont déjà dans la calèche, et il se hâte de s'y placer aussi, tandis que le jeune négociant grimpe sur le siége du cocher et s'empare des rênes.

— Comment! c'est Sibille qui va nous conduire? murmure Boniface qui semble peu rassuré par ce changement de cocher.

— Oui, oui, c'est moi ; je vous ai dit que je voulais vous faire voir mon talent de *sportman*. Garçon, vous direz à notre cocher que nous allons revenir ; nous allons seulement faire une promenade le long du parc... qu'il nous attende ici. Allons, mes gaillards, eh hop !

Les chevaux, qui se sont longtemps reposés et qui ont bien mangé, ne demandent qu'à partir; on voit qu'ils sont pleins d'ardeur, ils secouent leurs crinières avec fierté, et dès qu'ils sentent tendre les guides, ils prennent un trot qui emporte rapidement la calèche ; elle traverse la place et descend du côté de l'eau avec tant de promptitude que les passants ont à peine le temps de se ranger.

Sibille est radieux, il regarde à droite et à gauche pour jouir le l'effet qu'il pense produire, et Anisette lui crie :

— Cocher, regardez donc devant vous ; quand on conduit une voiture, on ne s'amuse pas à regarder de côté et d'autre.

— Je ne vous conduis peut-être pas bien, hein !... Comme nous filons, un train de prince !

— Mais vous avez déjà manqué d'écraser plusieurs personnes.

— Elle n'ont qu'à se ranger ; mais ces gens à pieds sont étonnants, s'ils voient une belle voiture, ils ne se dérangent pas. Au reste, le long du parc en dehors nous ne rencontrons presque pas de piétons.

— Ah ! tant mieux, murmure Boniface qui s'exténue à crier : Gare ! même quand il ne passe personne.

Cependant les chevaux sentent bien vite que ce n'est plus la même main qui les conduit ; leur nouveau cocher les tiraille, les asticote, les excite, quand c'est tout à fait inutile ; et, arrivés sur le chemin qui côtoie le parc, les coursiers, impatientés d'être tirés à tort et à travers, commencent à prendre un galop désordonné.

— Il me semble que nous allons bien vite, dit Boniface.

— Je crois que Sibille veut lutter avec les chemins de fer, dit Anisette.

— Oh ! ce n'est pas raisonnable d'aller si vite que cela ! s'écrie Edelmone qui a très-peur. Voyons, Peloton, modérez la course de vos chevaux.

— D'autant plus, reprend Boniface, que la route n'est pas très-unie ; il y a des endroits où le terrain forme des monticules. Aïe... tenez, en voilà un.

— Pas si vite, Sibille, vous avez manqué de nous verser.

Mais le jeune cocher ne voulait pas avouer qu'il n'était déjà plus maître de ses chevaux et qu'il commençait lui-même à perdre la tête et à trembler de tous ses membres, tout en se penchant de toute sa force en arrière, en tirant les guides, sans pouvoir arrêter le galop des fringants coursiers.

En ce moment une voiture de blanchisseuse arrivait devant la calèche ; il était très-facile de passer sans la toucher, il y avait pour cela plus de place qu'il n'en fallait ; aussi le blanchisseur, assis sur le devant de sa voiture, fumait-il sa pipe sans se déranger, puisque cela n'était nullement nécessaire. Mais Sibille, qui ne songe qu'à retenir ses chevaux et non à prendre la droite trouve moyen d'aller accrocher rudement la voiture couverte qui venait tout doucement devant lui.

Le blanchisseur jure, crie, hurle et saute en bas de sa voiture en disant :

— En voilà-t-il un imbécile de cocher, qui a trois fois plus de place qu'il ne lui en faut, et qui se jette sur moi avec ses chevaux ! mais si tu m'as cassé queuque chose, tu me le paieras, je t'en réponds, mauvais mufle !

Voulant s'éloigner au plus vite du blanchisseur, afin de ne plus entendre les épithètes dont celui-ci le régale, Sibille est parvenu, ou plutôt les chevaux sont parvenus eux-mêmes à se décrocher; mais l'accident qui vient d'arriver semble avoir redoublé leur ardeur, cette fois ils s'élancent sur la route avec une vivacité effrayante.

— Retenez-les donc ! crient ensemble Boniface et les deux jeunes femmes qui prévoient quelque nouvelle catastrophe.

— Eh ! je ne peux pas les retenir, répond Sibille, ils ont le diable dans le ventre... je fais ce que je peux... mais...

Ce qui devait arriver coupe court à la phrase du malheureux *four-in-hand*. Les chevaux se sont trouvés sur un monticule, ils se sont jetés de côté, où se trouve une espèce de fossé ; ces mouvements opposés ont produit une si forte secousse et ont fait tellement pencher la calèche que tous ceux qui étaient dedans se trouvent dehors. Heureusement cet incident a mis fin à la course des chevaux, ils se sont spontanément arrêtés ; il y en a même un qui s'est mis à genoux.

Anisette est tombée sur le côté et ne s'est fait aucun mal ; mais Edelmone a roulé sur elle-même ; dans sa chute sa tête a rencontré une pierre qui lui a tout meurtri le sourcil droit et déchiré le dessous de l'œil. Enfin Boniface a le nez aplati et une forte contusion à l'épaule. Quant à l'auteur de tous ces incidents, il est tombé assez mollement et se relève presque aussitôt en disant :

— Ce n'est rien, mes enfants, ce n'est rien ; les chevaux se sont arrêtés, voilà le principal.

— Comment ! ce n'est rien ! s'écrie Edelmone ; mais je suis blessée à la tête, moi... mon sang coule... je crois que j'ai un œil perdu.

— Moi, dit Boniface, j'ai le nez bien endommagé et l'épaule gauche me fait très-mal.

— En voilà un joli four ! Je te conseille de te vanter de ton adresse à conduire, mon pauvre Sibille, tu fais un fichu cocher.

— Vous n'y penserez plus dans cinq minutes. Pourvu qu'il n'y ait rien de brisé à la calèche... Nous allons refiler.

En ce moment le blanchisseur accourt et saisit le jeune homme au collet en s'écriant :

— Oh ! que non, mon petit, que vous ne filerez pas comme ça et sans me payer le dommage que vous avez fait à ma voiture.

— Comment ? quoi ? quel dommage ? je l'ai à peine touchée, votre carriole, répond Sibille en cherchant, mais en vain, à se dégager des bras du blanchisseur ; mais celui-ci est un gaillard qui ne lâche pas prise.

— A peine touchée ! et vous l'avez si bien bousculée avec votre calèche que vous avez brisé deux rayons à ma roue gauche.

— J'ai brisé des rayons... c'est pas possible... c'est qu'ils étaient en mauvais état.

— Du tout, mes roues sont presque neuves ; on le verra bien d'ailleurs !... il faut que vous soyez fièrement niguedouille pour être venu ainsi vous jeter sur ma voiture quand vous aviez tant de place pour passer.

— Tâchez de supprimer vos injures, blanchisseur, et lâchez-moi.

— Non, je ne vous lâche pas ; il faut venir chez le maire, chez le commissaire... oh ! mais il faut marcher.

— Boniface, mon ami, venez à mon aide !

— Eh ! sapristi !... vous m'avez écrasé le nez, abîmé l'épaule ! Venez-y vous-même à mon aide !

En ce moment la scène se complique par l'arrivée du véritable cocher de la calèche. Cet homme, qui n'aimait point à perdre de vue ses chevaux, avait vivement vidé sa bouteille et était revenu à la *Tête-Noire* fort peu de temps après le départ de la calèche. En n'apercevant plus sa voiture devant la maison du traiteur, il court s'informer et on lui dit :

— Rassurez-vous, votre société va revenir ; ils sont allés seulement se promener le long du parc ; c'est le jeune homme qui conduit.

Mais, au lieu d'être rassuré, le cocher se frappe le front en s'écriant :

— Ah ! j'en avais comme un pressentiment... il tenait toujours à conduire, le petit bourgeois ; c'est pour ça qu'il m'a éloigné. Ah ! mes pauvres chevaux ! que sera-t-il arrivé ? Et ils ont pris par là ?

— Oui... ils ne peuvent pas encore être loin.

— Ah ! cré nom ! mes chevaux ! Ah ! j'aurais pas dû les quitter.

Tout en disant cela, le cocher s'étais mis à courir dans la route prise par la calèche, et, comme elle n'avait pas été loin, il était arrivé bientôt sur le théâtre de l'accident.

En apercevant la compagnie, dont l'un se tient le bras, l'autre la tête, il devine une catastrophe. Mais en voyant un de ses chevaux à genoux, il devient furieux et jure encore plus que le blanchisseur, qui cependant ne ménage pas ses termes, tout en continuant de secouer Sibille par le collet.

— J'en étais sûr! mille noms de noms, mes pauvres chevaux... c'était pour les blesser qu'il voulait les conduire, ce monsieur... ça veut se mêler de mener un attelage comme ça... et ça ne sait peut-être pas se tenir à âne seulement.

Tout en jurant le cocher a été relever son cheval qui a un genou légèrement écorché.

— Voyez-vous! voilà un cheval couronné, un cheval perdu!... Ah! qu'est-ce que le bourgeois va dire... j'ai presque envie de me jeter à l'eau.

— Allons, cocher, calmez-vous, dit Boniface qui s'avance clopin-clopant vers lui, le malheur ne sera peut-être pas si grand que vous le croyez; d'ailleurs je serai là pour répondre qu'il n'y a pas de votre faute.

— Eh! si, monsieur, il y a de ma faute! parce que je n'aurais pas dû quitter mes chevaux.

— Je proclamerai qu'on a surpris votre confiance; mais nous ne pouvons pas rester ici... sur cette route... Madame est blessée au sourcil, moi au nez; heureusement mademoiselle Anisette n'a rion... nous allons remonter en voiture et vous allez nous ramener à Paris.

— Dame !... sans doute, faut bien y retourner. Ah ! qu'est-ce que le patron va dire ? queu malheur ! mon Dieu ! queu malheur !

Edelmone tient son mouchoir contre son œil, Boniface appuie le sien sur son nez ; Anisette ramasse son chapeau tombé sur la route dans sa chute ; on remonte dans la calèche et le véritable cocher sur son siége.

— Eh bien ! et moi, vous m'abandonnez ! vous me laissez là ! crie Sibille en voyant sa société s'éloigner sans qu'il puisse la rejoindre.

— Oh ! vous, mon gaillard, vous allez m'accompagner chez le commissaire, dit le blanchisseur, et on va voir de combien vous m'êtes redevable pour le dégât fait à ma voiture.

— Mais je n'ai plus que trois francs soixante-quinze centimes sur moi. Boniface ! ohé ! Boniface !

Mais Boniface et les deux demoiselles de magasin étaient déjà loin avec la calèche.

XIV

Souffrances cachées.

Thélénie était donc devenue la maîtresse de Roger ; elle avait, pour lui, quitté le petit Jules qui, du reste, n'avait paru aucunement chagrin de l'abandon de la belle brune; ce petit jeune homme trouvait tout naturel un changement d'amour. Mademoiselle Thélénie était très-fière de sa nouvelle conquête; elle s'en vantait partout, elle en parlait sans cesse, et comme elle logeait avec Marie, c'était naturellement celle-ci qu'elle entretenait le plus de sa nouvelle connaissance.

— Roger m'adore, il est fou de moi, disait-elle chaque matin en s'habillant. Je suis certaine que si je lui avais résisté, sa passion l'aurait porté à faire des extravagances! Il vient m'attendre presque tous les soirs devant le magasin avant que je monte... il m'emmène promener; il veut toujours me faire prendre quelque chose; mais je ne suis pas une gourmande comme Bouci-boula. Ce que je veux avant tout, moi, c'est son amour. O mon Roger! il est si joli garçon... et une tournure... à la bonne heure, on peut se carrer à son bras... ce n'est pas comme ce petit nain de Jules... que je ne voyais plus quand j'avais un manchon.

— Pourquoi avez-vous accepté les hommages de Jules, alors, puisque vous le trouviez si ridicule? murmurait Marie.

— Mon Dieu, ma bonne, est-ce que je sais! Certainement il fallait que j'eusse un voile sur les yeux quand cela est arrivé. Mais quelle différence aujourd'hui! Roger m'a promis de faire mon portrait au crayon... il dit que j'ai une tête superbe... il doit s'y connaître, un artiste, un dessinateur peintre... il m'apprendra peut-être le dessin quand il aura le temps.

— Est-ce que vous voulez changer d'état?
— Mais pourquoi pas... si j'allais devenir une artiste, moi, une femme célèbre...
— Vous vous y prenez un peu tard...
— Il n'est jamais trop tard quand on a pour maître son amant, l'homme que l'on adore.
— Vous l'aimez donc réellement, cet amant-là?
— Cet amant-là!... ah! c'est méchant cela, Marie; ne dirait-on pas, à vous entendre, que j'en ai des douzaines!...
— Pardon... mon intention n'était pas ce que vous croyez; je voulais dire : ce jeune homme-là.
— Si je l'aime! mon Roger! mon peintre!... j'en suis toquée, ma chère!... Après cela, il ne faut pas croire pourtant que je me laisserais mourir de chagrin s'il me quittait... Oh! non! pas si bête de me faire périr pour un homme... merci, je les apprécie trop pour cela. Je ne connais que deux défauts à celui-ci, mais comme les hommes ne sont pas parfaits...
— Quels sont ces défauts?

Il est un peu trop sérieux et il ne danse pas le cancan. Ah! sans cela ce serait un phénix. Mais il faut que je me dépêche, car Roger doit se trouver à midi près du canon du Palais-Royal, et je demanderai à monsieur la permission de m'absenter une demi-heure... ce qui voudra dire une heure et demie. Ce cher amant! il ne peut pas être un jour sans me voir.

Les confidences amoureuses de la belle brune récréaient-elles beaucoup Marie? c'est ce dont il est permis de douter, car, en les écoutant, cette

jeune fille semblait plutôt souffrir que s'amuser;
souvent elle changeait de couleur, et une sombre
tristesse envahissait ses traits ; cependant elle
écoutait toujours avec attention tout ce que lui
disait Thélénie lorsqu'il était question de Roger.

La pâleur qui couvrait le joli visage de Marie,
se joignant à l'expression mélancolique qui, maintenant, se lisait toujours dans ses yeux, sa maîtresse lingère, qui avait pour elle de l'affection
parce qu'elle la savait honnête et sage, s'inquiéta
de ce changement et dit un jour à Marie :

— Êtes-vous malade, mon enfant ? depuis quelques jours vous êtes bien pâle et vous semblez
souffrir.

— Mais non, madame, je ne souffre pas... je vous
assure que je me porte bien ; quant à ma pâleur,
vous savez que c'est assez mon teint habituel.

— Non, non, je vous ai vue avoir beaucoup meilleure mine.

— Vous savez, madame, qu'il y a des jours
où l'on a les traits fatigués, sans qu'on sache pourquoi.

— Mais voilà quinze jours que vous êtes comme
cela, vous, mon enfant; si vous aviez besoin de
repos, il faudrait en prendre... et ne pas descendre
travailler pendant quinze jours... songez que je
vous aime, Marie, et que je ne veux pas que vous
tombiez malade.

— Oh ! madame ! je sais combien vous êtes
bonne pour moi. J'en suis bien reconnaissante;
mais je vous le répète, je ne souffre pas, je ne suis
nullement malade.

— Mais, auriez-vous quelque chose... quelque chagrin ? Quelqu'un vous aurait-il fait de la peine ? cela m'étonnerait, tout le monde vous aime chez moi.

— Je n'ai aucun chagrin. Vous savez que je n'ai jamais eu l'air bien gai... je suis comme à mon ordinaire.

Malgré les assurances de son apprentie, la lingère voulant lui procurer quelque distraction, et présumant qu'un peu d'exercice lui serait salutaire, la chargeait plus fréquemment de commissions près de ses pratiques, d'autant plus que Marie s'en acquittait toujours promptement, parce qu'elle ne flânait pas en chemin comme beaucoup de ses pareilles.

Mais un jour, la jeune fille est rencontrée dans la rue par M. Lucien Bardecourt, ce monsieur à toute barbe, qui assistait au dîner donné par Boniface Triffouille, et qui se vante de ne jamais avoir rencontré de femme qui lui ait résisté. Cependant notre irrésistible avait déjà fait plusieurs tentatives inutiles près de Marie, pour la voir de plus près qu'à travers les vitres de son magasin ; il avait fait la dépense de chemises, de mouchoirs, de faux-cols; puis, voyant qu'on ne répondait point à ses œillades, il avait une fois glissé un billet doux sur les genoux de la demoiselle de magasin. Mais on avait sur-le-champ déchiré son billet sans le lire, et des morceaux de papier on avait fait une boule que l'on avait jetée au chat. Cela était bien humiliant pour un homme qui se flattait de fasciner une femme à première vue, de voir sa prose brûlante servir de jouet à un matou, qui n'était même pas angora.

Cet échec avait vivement piqué notre fascinateur, et, après avoir pendant quelque temps guetté en vain la jolie demoiselle dans la rue, il avait porté ses séductions ailleurs. Mais, en rencontrant Marie dans le fond de la Chaussée-d'Antin, le beau Lucien se hâte de l'aborder, en lui disant :

— En vérité le hasard me sert merveilleusement, et je ne m'attendais pas à tant de bonheur... Comment, charmante Marie, c'est vous que je rencontre, perdue dans la rue de la Pépinière !...

— Je ne suis pas perdue, monsieur, car je sais fort bien mon chemin. Je viens de porter des mouchoirs chez une pratique de madame qui demeure dans cette rue.

— Elle est bien heureuse, cette pratique-là !... vous ne m'avez jamais rien apporté chez moi, quand j'ai fait des commandes...

— Madame ne m'enverrait pas chez un monsieur; elle sait bien que ce ne serait pas convenable... Bonjour, monsieur...

— Oh ! un instant ! belle enfant, je ne vous quitte pas comme cela ; les occasions de vous parler sont trop rares pour que je laisse échapper celle qui se présente.

— Mais, monsieur, je n'ai pas le temps de causer, il faut que je retourne à mon magasin.

— Eh bien ! je vous accompagnerai, je marcherai à côté de vous.

— Vous n'alliez pas de ce côté-là...

— C'est possible, mais j'y vais maintenant ; le côté que vous suivez sera toujours le mien.

— Mais, monsieur, si on me rencontre avec vous on supposera des choses qui ne sont pas...

— Vous craignez pour votre réputation, phénix des lingères !... eh bien ! prenons une voiture, nous baisserons les stores, de cette façon on ne nous verra pas, et vous descendrez un peu avant votre magasin... ou plutôt faisons mieux, allons déjeuner aux Champs-Elysées, nous n'en sommes qu'à deux pas ; il y a par là de petits traiteurs chez lesquels on peut entrer sans être vu...

— En vérité, monsieur, je ne comprends pas pourquoi vous me faites toutes ces propositions, vous devez bien savoir que je ne les accepterai pas. Je vous ai déjà dit qu'auprès de moi vous perdiez votre temps. Par grâce, laissez-moi aller seule et ne me suivez pas.

— Ah ! nous sommes toujours aussi méchante !... Eh bien, non, mademoiselle, je ne vous quitterai pas... je ne vous suivrai pas, mais je marcherai à vos côtés ; après tout ! la rue est à tout le monde, vous ne pouvez pas m'empêcher de marcher près de vous.

Marie ne répond rien, mais elle double le pas ; M. Lucien en fait autant, puis il reprend la parole :

— Vous avez beau faire la moue, vous n'en êtes pas moins jolie... Une taille charmante, une tournure délicieuse, comment diable voulez-vous que l'on ne vous parle pas d'amour... quand vous êtes si bien faite pour l'inspirer... Et d'ailleurs, n'êtes-vous pas à cet âge où il est si doux d'aimer ?... l'indifférence n'est pas dans la nature... Voyez toutes vos pareilles, elles ont un sentiment, un attachement plus ou moins secret. Vous ne pouvez pas craindre les reproches de vos parents, on m'a assuré que vous n'en aviez pas, que vous étiez entièrement maîtresse de vos actions.

Marie garde toujours le silence. Le beau Lucien continue, en tâchant de se tenir le plus près possible de celle à qui il s'adresse :

— Voyons, chère Marie, réfléchissez un peu. Quel avenir avez-vous en perspective ? peut-être après cinq ou six ans d'ennuis et de travail devenir la femme de quelque commis de magasin qui vous fera une volée d'enfants et pour tout amusement vous laissera, le dimanche, les débarbouiller. Au lieu de cela, moi je vous mets dans vos meubles... et qui seront élégants, dans le genre Pompadour. Je préviens tous vos désirs; vous aurez des toilettes ravissantes, vous porterez les modes les plus nouvelles... et puisque vous êtes jolie, telle que vous voilà, jugez donc de l'effet que vous produirez sous les cachemires et le velours !... Je veux que l'on ne parle que de vous dans le monde élégant... je veux que vous éclipsiez la célèbre madame de Beauvert.

Marie a pâli, elle tressaille, elle va peut-être tomber... Lucien s'empresse de la retenir en lui disant :

— Mon Dieu !... qu'avez-vous donc ?... quelle pâleur !... quelle émotion !... vous sentez-vous indisposée ?...

— Ce n'est rien, monsieur... un étourdissement subit qui m'a prise... mais cela va se passer.

— Entrons dans ce café qui est en face. Vous prendrez de l'eau sucrée avec de la fleur d'oranger... Cela vous remettra.

— Non, je vous remercie... mais c'est déjà passé... Je vais continuer mon chemin.

Marie veut marcher, mais ses jambes semblent fléchir; elle éprouve un tremblement général, elle est obligée de s'arrêter.

— Voyez comme vous tremblez...

— Ce n'est rien, c'est nerveux...

— Oui, mais vous pouvez à peine vous soutenir. Voyons, mademoiselle, mettons de côté toute colère, et acceptez mon bras, pour quelques instants au moins, car vous avez besoin d'être soutenue, et tant que vous serez à mon bras, je vous promets, puisque cela vous contrarie, de ne plus vous parler d'amour.

Marie hésite un moment, puis enfin, sentant bien qu'elle ne pourrait encore marcher sans un soutien, elle passe son bras sous celui qu'on lui présente, et l'on se remet en route, mais doucement cette fois.

Lucien est enchanté de tenir la jeune fille à son bras, mais, fidèle à sa promesse, il ne lui tient plus les mêmes discours:

— Êtes-vous sujette à ces étourdissements, mademoiselle?

— Mais... non, monsieur, c'est la première fois que cela m'arrive.

— A quoi attribuez-vous celui-ci?

Mon Dieu... je ne sais... je marchais peut-être un peu trop vite.

— Ah ! voilà ce que c'est de ne pas vouloir écouter les gens, et... oh ! mais pardon ! j'oublie ce que je vous ai promis, je suis un étourdi... Et comment vous trouvez-vous, à présent ?

— Beaucoup mieux, je serai bientôt en état de marcher seule.

— Tant pis pour moi, je suis si heureux de vous avoir à mon bras... mais vous ne vous appuyez pas assez.

— Bonjour, Marie... Tiens, tu te promènes dans la journée à présent, je croyais que tu ne sortais jamais.

Ces mots sont prononcés par la grande Fanfinette, qui tient à sa main un carton à chapeau et se trouvait alors devant Marie et son cavalier. Celle à qui ces paroles s'adressent sent la rougeur lui monter au visage et balbutie :

— Mon Dieu ! je suis sortie... parce que c'était pour une commission.

— Oui... oui... connu !... connu !... Allons, sois tranquille, je ne dirai rien... Bonjour, monsieur Lucien... Bonjour Marie... Ah ! sournoise ! Mais je ne dirai rien.

Et la modiste s'éloigne en riant, tandis que Marie pousse un profond soupir en murmurant :

— Ah !... voilà ce que je craignais... malheureuse que je suis ! Maintenant, monsieur, toutes ces demoiselles seront persuadés que je suis votre maîtresse !...

— Cela me flattera beaucoup, mademoiselle.

— Mais moi, monsieur, pensez-vous que je sois contente de voir ma réputation perdue ?... je n'avais que cela pour tout bien... et il ne me restera plus rien... Ah ! tout cela ne serait pas arrivé, si vous ne m'aviez pas suivie !...

— Prétendriez-vous dire que je suis cause de cette indisposition subite que vous avez éprouvée !

— Oh ! non, et cependant... mais je suis entièrement remise maintenant, mes forces sont revenues... Adieu, monsieur ; je vous remercie de l'appui que vous m'avez prêté, mais, je vous en supplie, à l'avenir ne me parlez plus... ne m'accompagnez plus.

Et, dégageant vivement son bras de dessous celui de son cavalier, Marie s'éloigne précipitamment de Lucien sans que, cette fois, il s'obstine à la poursuivre.

En arrivant à son magasin, Marie est toute émue, elle se jette sur une chaise et porte son mouchoir sur ses yeux.

— Qu'avez-vous, mon enfant ? que vous est-il arrivé ?... lui demande sa maîtresse.

La jeune fille lui raconte alors la rencontre qu'elle a faite, et tout ce qui s'en est suivi.

— Eh bien ! dit la lingère, il n'y a pas là de quoi vous désoler, je suis certaine que ce jeune homme vous laissera tranquille désormais.

— Mais... Fanfinette qui m'a vue à son bras... je sais bien ce qu'elle va croire !

— Je suis là, mon enfant, pour démentir les méchants propos et affirmer que c'est moi qui, ce matin, ai voulu vous envoyer rue de la Pépinière.

Mais dans tout cela, vous voyez bien, petite entêtée, qu'il y a un peu de votre faute. Vous ne voulez pas être malade, mais cet étourdissement, cette faiblesse qui vous a prise... et forcée d'accepter le bras de ce monsieur, prouve bien que vous n'êtes pas dans votre état normal. Sans cela, à quoi l'attribueriez-vous ?

Le front de Marie se rembrunit, mais elle se contente de répondre :

— Ah ! madame, je vous en prie, ne m'envoyez plus en commission... ne me faites plus sortir.

— Du moment que cela vous contrarie, je le veux bien, mon enfant, mais à condition que vous prendrez plus de soin de votre santé ; sans cela, ce qui vous est arrivé aujourd'hui pourrait vous reprendre encore.

Marie baisse ses regards vers la terre pour dissimuler les larmes qui coulent de ses yeux.

XV

Où l'amour se glisse.

Deux jours après cette aventure, Marie, se sentant en effet plus souffrante, ne descendait plus à son magasin que sur les onze heures. Mais chez elle, au lieu de lire pour se distraire, elle achevait presque toujours différents ouvrages pressés pour sa lingère. Et ce qu'elle faisait était soigné, si parfaitement cousu, que la plupart des pratiques exigeaient que leurs commandes fussent terminées par elle.

Il n'est que dix heures et Marie, seule dans la chambre qui a trois locataires, est en train de porter un délicieux peignoir du matin, enrichi de dentelles, lorsque deux petits coups sont frappés à la porte.

— Entrez ! dit Marie, la clef est après la porte.

On entre en effet. C'est Édouard Roger, le jeune dessinateur, qui pénètre dans la chambre. En reconnaissant celui qu'elle sait maintenant être l'amant de Thélénie, Marie sent sa poitrine se gonfler, une vive rougeur vient pour un moment remplacer la pâleur habituelle de son visage; mais elle s'efforce de cacher son émotion, tandis que Roger lui dit :

— Pardon... mille fois pardon, mademoiselle... est-ce que vous êtes seule ?

— Mais, oui, monsieur... comme vous voyez.

— Ah ! si je l'avais su, certainement je ne me serais pas permis de venir vous déranger. Mais Thélénie m'avait prié de la mener ce matin voir une exposition de tableaux... Je l'attendais à l'endroit qu'elle m'avait indiqué... ici en face... ne la voyant pas venir, je suis allé regarder dans son magasin, mais elle n'y est pas non plus, alors j'ai cru qu'elle était chez elle... Et voilà pourquoi je suis monté... Excusez-moi.

— Il n'est pas nécessaire de vous excuser, monsieur, Thélénie occupe cette chambre avec moi... Vous avez donc le droit d'y venir pour lui parler. Mais je suis fâchée que vous ayez pris une peine inutile, puisqu'elle n'est pas ici.

— Je ne la regrette pas, mademoiselle, puisque cela m'aura procuré le plaisir de vous voir.

— Oh! ce plaisir-là ne vaut pas que l'on monte si haut.

— Vous ne pensez pas que ce que vous dites, mademoiselle.

— Pardonnez-moi, monsieur, car je dis toujours ce que je pense.

Roger regarde un moment la jeune fille, qui baisse les yeux sur son ouvrage, puis il se rapproche d'elle, en balbutiant :

— Si je savais que Thélénie revînt bientôt... je l'attendrais... mais j'avoue que je n'aime pas à attendre dans la rue.

— Si vous pensez qu'elle va revenir ici, rien ne vous empêche de l'y attendre, monsieur...

— Mais cela ne vous gênera-t-il pas, mademoiselle ?...

— Pourquoi voulez-vous que cela me gêne ?... vous ne m'empêcherez pas de continuer à travailler.

— Oh! assurément... Alors, puisque vous me le permettez...

Et Roger va prendre une chaise et s'assied à quelques pas de Marie, qui tient plus que jamais les yeux baissés sur son ouvrage, mais ne peut pas empêcher son sein de se soulever plus fréquemment.

Le jeune artiste considère quelques instants

Marie, et plus il l'examine, plus il semble y trouver de l'attrait.

Marie aurait voulu rompre un silence qui lui causait un embarras dont elle ne pouvait se rendre compte ; mais elle ne savait que dire et attendait toujours que Roger parlât. Enfin celui-ci lui dit :

— Mademoiselle, vous allez me trouver bien curieux... mais, par quel hasard vous, qui êtes ordinairement de si bonne heure chez votre lingère, vous trouvez-vous si tard dans votre chambre ?... Oh ! ma question est peut-être indiscrète ?...

— Mon Dieu ! monsieur, il m'est bien facile de satisfaire votre curiosité. Je ne suis pas encore descendue parce que depuis quelque temps je suis un peu souffrante... et ma maîtresse, qui est très-bonne pour moi, exige que je prenne un peu de repos, que je me lève plus tard... c'est ce qui fait que vous me trouvez encore ici...

— Où vous travaillez au lieu de vous reposer !...

— L'oisiveté est pour moi un supplice, et puis je sais que ceci est pressé.

— Si votre lingère est bonne pour vous, cela prouve, mademoiselle, qu'elle est fort contente de vous posséder dans son magasin... cela fait votre éloge... et, en effet, je vous ai entendu citer plusieurs fois comme un modèle à suivre.

— Moi, monsieur... je fais de mon mieux l'ouvrage qu'on me confie... c'est un devoir, cela.

— Oh ! mais je m'entends... en disant qu'on vous cite pour modèle, je ne veux pas parler seulement de votre travail, mais encore de votre sagesso. Vous n'avez pas les goûts de beaucoup de ces demoiselles. Vous ne fréquentez pas les bals, les promenades... vous n'aimez pas la danse, les restaurants ; enfin, vous n'acceptez aucune partie de plaisir.

— Si ce n'est pas dans mes goûts, où est le mérite ?

— Vous voulez dissimuler le vôtre... décidément vous imitez en tout la violette, qui se cache, mais qui est trahie par son doux parfum.

Marie se sent trembler, et pour la première fois son aiguille ne pique pas où il faut. Tout à coup Roger s'écrie :

— Mon Dieu ! vous me dites que vous êtes malade, et je ne vous demande pas seulement ce que vous avez. Vous devez me trouver bien impoli ?...

— Oh ! monsieur, je ne suis pas bien malade, un peu de fatigue peut-être... cela se passera vite.

— Ah ! dame, mademoiselle, un ancien philosophe a dit : *Il faut être sage avec sobriété*. Ce qui signifie qu'il ne faut pas non plus se priver de tous les plaisirs. Le travail trop assidu échauffe le sang, fatigue la poitrine, surtout chez les femmes qui généralement sont obligées de se courber, de se pencher sur leur ouvrage... Est-ce à la poitrine que vous avez mal ?

— Je vous assure que je n'ai mal nulle part, J'éprouve seulement une faiblesse, un malaise général... mais cela va déjà mieux.

— Je dois vous croire puisque vous me l'assurez... mais si vous étiez d'ailleurs réellement malade, je pense bien que vos parents vous feraient venir près d'eux et ne confieraient point à d'autres le soin de votre santé.

— Je n'ai plus de parents, monsieur, et personne ne s'intéresse à moi... excepté cette dame chez qui je travaille.

— Quoi... si jeune... et privée de famille !... Mais par quelle suite de malheurs ?...

Roger s'arrête, il comprend que ses questions peuvent être déplacées et qu'il y a de ces choses que l'on n'aime pas révéler; il se dit que cette jeune fille, dont les traits sont si gracieux, les yeux si doux, le maintien si modeste, peut être un de ces pauvres enfants de l'amour, abandonnés dès leur naissance à la charité publique, et qui toute leur vie ignorent quels ont été les auteurs de leur destinée. Mais il regarde Marie avec plus d'intérêt encore, il ne peut se lasser de la contemple, et ne dit plus rien.

Au bout de quelques moments de silence, Marie murmure :

— Thélénie ne revient pas... cela doit vous contrarier.

— Ah ! je n'y pensais plus, répond Roger, et il dit ces mots avec tant de franchise que Marie ne peut s'empêcher de lever les yeux sur lui, tandis qu'une expression de plaisir vint éclairer son front. Ne voulant pas laisser paraître ce qu'elle éprouve, elle feint de n'avoir pas entendu l'exclamation du jeune homme et reprend :

— On est quelquefois retenu quand on va porter des commandes chez les pratiques... Est-ce que votre atelier est loin d'ici, monsieur ?...

— Mais oui, pas mal...

— Vous allez apprendre le dessin à Thélénie.

— Moi !... par exemple ! je n'y ai jamais pensé. Qui est-ce qui a dit cela ?

— Mais... c'est elle.

— Ah ! c'est une tête folle... elle veut tout faire, mais au bout de deux heures elle jetterait les crayons de côté.

— Mais vous devez faire son portrait.

— Son portrait ? oui, je l'ai même déjà commencé, mais je ne puis pas obtenir qu'elle pose un quart d'heure tranquillement. Elle a une fort belle tête, que je placerai quelque jour dans une grande composition.

— Et puis enfin, on doit être heureux de posséder le portrait de la personne que l'on aime.

Roger ne répond rien ; il baisse le nez en faisant une drôle de figure ; enfin il s'écrie :

— Je serais bien heureux, mademoiselle, si vous vouliez bien me permettre de faire le vôtre...

Marie devient rouge comme une cerise, car cette demande de l'artiste semblait être une réponse à ce qu'elle venait de dire ; elle balbutie :

— Mon portrait... à moi... monsieur... mais à quoi donc cela pourrait-il vous servir ?

— A posséder votre image... cela serait déjà un grand bonheur.

— Mais je n'ai pas une tête comparable à celle de Thélénie... je ne pourrais pas, comme elle, figurer avec avantage dans un tableau !

— Si vous me permettiez de faire votre portrait, je le garderais pour moi... pour moi seul, et bien que votre charmante figure puisse se placer partout et faire l'ornement de toute composition, je ne me permettrais pas de la reproduire pour d'autres. Je serais trop fier de la posséder.

Ces paroles étaient presque une déclaration d'amour, et la manière dont Roger venait de les prononcer n'était pas faite pour en diminuer la valeur. Marie est toute troublée; elle balbutie :

— Oh ! non, monsieur, je ne dois pas vous permettre de faire mon portrait, car cela pourrait contrarier Thélénie... et je serais désolée de lui faire de la peine.

— Du moment que vous ne voulez pas, dit Roger d'un ton piqué, je ne dois plus insister. Allons, je vois que Thélénie ne revient pas... je vais m'en retourner dans ma rue de Navarin.

— Vous demeurez rue de Navarin ! s'écrie vivement Marie.

— Oui, mademoiselle, rue de Navarin, numéro 19...

— Dix-neuf ?...

— Est-ce que vous connaissez du monde dans ma maison ?

— Moi... non, monsieur, mais je crois que c'est là que loge une dame qui, un jour, a fait beaucoup d'emplettes chez ma lingère.

— Savez-vous le nom de cette dame ?

— C'était.. madame de Beauvert.

— Madame de Beauvert... mais, en effet, elle est ma voisine, c'est-à-dire qu'elle habite au premier, tandis que moi, je suis à peu près dans les mansardes... et pourtant, je ne changerais pas ma position contre celle de cette dame... car si elle est renommée pour sa mise, son élégance, si elle possède un bel appartement, magnifiquement meublé, à ce qu'on dit... car je ne l'ai pas vu, en revanche, lorsqu'on sait comment elle a tout cela, on ne peut pas avoir pour elle la plus petite considération ; mais je présume que vous savez ce que c'est que cette dame ?

Marie a baissé la tête sur son ouvrage et balbutie :

— Moi... mais... non, monsieur... je ne sais pas...

— Eh bien, mademoiselle, madame de Beauvert est une femme entretenue, mais de la pire espèce, ruinant sans pudeur les pauvres niais qui tombent dans ses filets, affichant un luxe insolent, voulant par ses toilettes éclipser toutes ses rivales ; elle a déjà réduit à la misère, au désespoir, plusieurs jeunes gens assez fous pour lui avoir sacrifié leur fortune, leur avenir, et quelquefois leur honneur... car, lorsque ces femmes veulent une parure, un cachemire d'un grand prix, elles disent à leur esclave : « il me le faut, » sans s'inquiéter des moyens que celui-ci emploiera pour satisfaire les envies de sa maîtresse. Ne connaissant pour seul Dieu que l'or, du moment qu'on ne peut plus procurer à cette dame tous les plaisirs, toutes les jouissances, elle vous congédie, elle vous ferme sa porte sans pitié, sans remords... au contraire, elle se moque alors de ses victimes, et au lieu d'avoir au moins une bonne parole pour celui qui s'est

ruiné pour elle, elle lui rit au nez en lui disant :
« Ah ! mon cher, que vous avez l'air pleutre maintenant ! » Voilà quelle est madame de Beauvert. Du reste, il n'y a pas longtemps que j'ai su sa biographie ; mais comme cette dame voulait que j'allasse chez elle, j'ai désiré savoir ce qu'elle était, bien que je m'en doutasse à peu près : mais dans les femmes entretenues il y a des nuances ; celle-ci n'a pas même, dit-on, l'esprit de s'amasser de la fortune pour l'époque où sa beauté n'aura plus de puissance ; elle fait encore des dettes tout en ruinant les autres... Mais si quelque jour elle est dans la misère, je ne lui conseille pas de venir frapper à ma porte, car je n'ai nulle pitié pour les malheurs de ces dames qui ont dévoré huit ou dix fortunes. Ne trouvez-vous pas que j'ai raison, mademoiselle ?...

Marie tenait toujours sa tête baissée ; elle murmure :

— Monsieur, je ne puis pas juger la conduite de cette dame... mais peut-être l'a-t-on calomniée... peut-être est-elle moins coupable que vous ne le pensez.

— Calomniée ! mais on ne calomnie pas ces femmes-là ! plus on leur attribue d'amants ruinés, spoliés, *dégommés* enfin, car c'est le mot, plus elles en sont fières ; le scandale, c'est leur gloire à elles, c'est leur réclame, leur puff !... et en effet cela leur réussit : la preuve, c'est que madame de Beauvert a la vogue ; c'est à qui obtiendra la faveur de se ruiner pour elle. En ce moment, c'est un certain Bernouillet, un entrepreneur, qui est, dit-on, le tenant, et comme on assure qu'il a des millions, on tâchera de le garder longtemps.

— Et madame de Beauvert avait désiré vous recevoir chez elle ? dit Marie.

— Oui ; cela était venu à l'occasion d'une perruche qui s'était envolée de chez ma voisine et était venue se percher sur mon balcon ; alors cette dame me fit dire par sa camériste que je serais bienvenu en lui rapportant moi-même son oiseau chéri.

— Et vous ne vous êtes pas rendu à cette invitation ?...

— Ma foi non... cela ne m'a pas tenté, et puis je suis un drôle de corps, je n'aime pas ce qui s'offre à moi... je ne prétends pas dire que cette dame voulait me compter au nombre de ses conquêtes... à quoi bon ! un dessinateur... et qui loge au quatrième.

— Cependant elle voulait que vous allassiez chez elle ?

— Un caprice... une lubie... cette dame s'ennuyait probablement alors et désirait quelque distraction. Ah ! ce ne sont pas ces connaissances-là que je recherche... ou plutôt je n'en cherche plus... A quoi bon s'attacher à quelqu'un pour être ensuite trompé... trahi !... convenez que cela n'en vaut pas la peine.

Marie était tout émue : Roger lui parlait déjà avec cet abandon que l'on a près d'une personne que l'on connaît depuis bien du temps, et il lui semblait à elle qu'il était son ami depuis bien longtemps aussi. Quand on se plaît l'un l'autre, on se sent de suite si bien ensemble qu'on n'a pas besoin de se le dire; les yeux se l'expriment mutuellement.

— Pourquoi donc pensez-vous que l'on doive toujours être trahi par la personne que l'on aime? dit Marie; il me semble à moi qu'il n'y a de bonheur que dans un amour vrai... Est-ce que l'on peut trahir quand on aime bien ?

— Vous avez raison, mademoiselle, on ne doit pas trahir quand on aime bien... apparemment qu'on ne m'a jamais bien aimé alors.

— Mon Dieu ! soupçonneriez-vous déjà Thélénie ?...

— Thélénie!... la belle Andalouse!... je vous assure que je ne pensais pas à elle en disant cela... Oh! celle-là, je lui permets de me trahir... de me tromper... cela ne m'affligera pas du tout... je m'y attends... je pourrais même dire que j'y compte.

— Vous y comptez!... mais vous ne l'aimez donc pas alors?

— Je rends justice à sa beauté, à ses charmes, à la gaieté, à la vivacité de son esprit; mais avoir pour elle véritablement de l'amour... Convenez, mademoiselle, qu'il serait bien malheureux, celui qui compterait sur sa fidélité !... La constance n'est pas dans sa nature... il lui serait aussi impossible de ne point changer, qu'au chat de ne pas voler... Mais vous devez la connaître encore mieux que moi...

Avant que Marie ait eu le temps de répondre, la

porte s'ouvre et la belle brune entre brusquement. En apercevant Roger, elle s'écrie :

— Eh bien, vous êtes gentil, vous; on attend monsieur dans la rue, on croque le marmot, on se fait du mauvais sang, et monsieur est tranquillement assis... qui cause avec mademoiselle... Vous vous étiez donc promis de me faire poser?

— Non, ma chère amie : d'abord, il n'est pas dans mes goûts de faire poser personne... je laisse cela aux Sibille Peloton et autres. Je me suis trouvé à l'heure juste au rendez-vous que vous m'aviez donné, je vous ai attendue dix minutes ; ne vous voyant pas, je suis venu regarder aux carreaux de votre magasin; ne vous y voyant pas davantage, je suis monté ici croyant vous y trouver... il me semble que tout cela est fort simple.

— Oui; mais puisque je n'étais pas ici, pourquoi y êtes-vous resté?

— Pour vous y attendre. Vous voyez que j'ai bien fait, puisque vous voilà.

— Et il y a longtemps que vous m'attendez?

— Je ne sais... le temps ne m'a pas paru long... mademoiselle Marie avait la bonté de causer avec moi.

Thélénie se mord les lèvres et fronce ses noirs sourcils en murmurant :

— Ah! oui... elle flâne maintenant... elle fait la malade... afin de pouvoir aller se promener avec son amant quand cela lui plaît; c'est pas bête.

Marie relève fièrement la tête en s'écriant :

— Thélénie, c'est mal ce que vous dites là! vous

savez bien que je n'ai aucune connaissance et que je ne sors avec personne.

— Vraiment! dis-nous donc cela, fais donc encore ta vestale... mais cela ne peut plus prendre, ma petite. Je viens de causer avec Fanfinette, qui m'a conté qu'elle t'avait rencontrée il y a huit jours, rue de la Pépinière, bras dessus, bras dessous avec M. Lucien ; est-ce vrai ou non, cela?... Fanfinette a-t-elle menti?

Marie devient très-pâle et balbutie :

— J'ai pu... par hasard, dans la rue, être obligée d'accepter le bras de M. Lucien... mais qu'est-ce que cela prouve?

— Qu'est-ce que ça prouve? ah! elle est bonne, celle-là! Dis donc, Roger, elle demande ce que ça prouve! elle nous prend pour des bécasses, apparemment.

Roger ne répond rien. Lui aussi avait pâli, et quittant brusquement sa chaise, il va prendre son chapeau, puis s'écrie :

— Quand vous voudrez venir, Thélénie, je vous attends.

— Me voilà, mon cher... mais je suis fatiguée d'avoir piétiné ; nous prendrons une voiture, n'est-ce pas, pour aller à cette exposition?

— Oui... oui... nous prendrons une voiture... mais partons!

— Dieu! est-il pressé maintenant! eh bien, filons!

Le jeune artiste emmène sa maîtresse; Marie a levé les yeux dans l'espoir de rencontrer ceux de Roger, mais celui-ci est parti, sans même avoir jeté un regard de son côté.

XVI

Madame monte.

On a dit : « *Désir de fille est un feu qui dévore.* » Mais je crois que le désir est tout aussi vif chez la femme que chez la jeune fille... il brûle toujours quand il s'est allumé dans un de ces cœurs qui ont l'habitude de tout soumettre a leur volonté, de ne rencontrer jamais d'obstacles pour satisfaire leurs caprices.

Or, vous savez que madame de Beauvert, cette femme à la mode, qui voit tous les hommes briguer un de ses sourires et envier le plaisir de se ruiner pour elle, avait été fort surprise et même piquée en apprenant qu'un modeste dessinateur, qui demeurait au cinquième étage, n'avait pas profité de l'offre qu'on lui avait faite de rapporter lui-même la perruche chez sa belle voisine.

Certainement la conquête d'un artiste peu connu ne devait pas tenter cette dame, habituée aux hommages des sommités de la finance. Et si le jeune dessinateur avait cherché à faire agréer ses vœux à la belle courtisane, il est bien probable qu'il n'aurait pas été écouté. Mais les rôles étaient changés : on avait engagé l'artiste à venir, et c'était lui qui avait refusé de descendre au premier étage.

Et la belle Paola dit un matin à sa femme de chambre :

— As-tu revu ce jeune homme du cinquième, chez lequel était ma perruche?

— Oui, madame; oh! je le rencontre assez souvent dans les escaliers, en allant et venant.

— Te parle-t-il?

— Je lui dis bonjour, il en fait autant, mais il a toujours l'air de rire en me regardant... je ne sais pas pourquoi.

— Ah! il a l'air de rire; et tu dis qu'il est bien, ce jeune homme?

— Oh! oui, madame, très-bien... c'est un brun... il a de fameux yeux... l'air un peu sérieux ; mais j'ai entendu dire à madame que c'était plus distingué que ces figures qui rient toujours.

— Et la tournure?

— Charmante... il est plutôt grand que petit... ensuite, il est toujours très-bien mis... aussi élégant que ces messieurs qui viennent chez madame...

— Allons, il faut que je voie si vraiment ce monsieur mérite les éloges que tu fais de lui... donne-moi mes gants.

— Madame sort?

— Je ne sors pas de la maison ; je vais monter chez M. Roger... car il se nomme Roger, je crois, cet artiste?

— Oui, madame, Edouard Roger. Quoi! madame lui fait l'honneur de monter chez lui?

— Pourquoi pas? Je fais comme Mahomet :

je vais à la montagne qui ne veut pas venir à moi.

— Mais madame oublie peut-être que M. Bernouillet doit venir ce matin prendre madame pour la mener à Enghien?

— Non, je ne l'ai pas oublié : eh bien, si Bernouillet vient, tu le feras attendre.

— S'il me demande où est allée madame?

— Tu lui diras tout ce qui te passeras par la tête ; cela m'est bien égal! ne crois-tu pas que je vais me gêner pour Bernouillet! Pauvre cher homme! il sera toujours trop heureux que je veuille bien sortir avec lui.

— Oh! pour ça c'est vrai... quand M. Bernouillet regarde madame, on dirait toujours qu'il regarde la lune.

— Comment, la lune... qu'entends-tu par là, Léontine?

— Madame, je dis la lune comme j'aurais dit le soleil.

— Tu dis que c'est au cinquième, ce jeune homme?

— Oui, madame, la porte à votre gauche.

Madame de Beauvert monte l'escalier, s'arrêtant de temps à autre pour reprendre haleine, en disant :

— Ah! mon Dieu, comment peut-on demeurer si haut!

Oubliant qu'elle-même a logé autrefois dans les mansardes. Mais avec la prospérité, il y a des gens qui oublient tout et qui ne veulent même plus croire qu'ils ont été pauvres et nécessiteux.

Enfin la belle dame a atteint le cinquième étage. Elle tourne le bouton d'une porte et pénètre dans l'atelier en disant :

— Peut-on entrer ?

Roger était seul et travaillait. Habitué à voir venir chez lui des amis, des flâneurs ou des clients, il ne quittait jamais son ouvrage pour recevoir son monde et souvent ne levait les yeux qu'au bout de quelques instants et quand il n'avait pas reconnu la voix de la personne qui entrait dans son atelier. Madame de Beauvert a donc pu arriver au milieu de la pièce et regarder curieusement autour d'elle, avant que l'artiste ait levé la tête.

— Ah ! mon Dieu ! que c'est drôle ici !... c'est donc ça qu'on appelle un atelier... eh bien, franchement, ce n'est pas beau !

Cette voix féminine et inconnue fait lever les yeux à Roger : Paola avait une charmante toilette du matin ; sur sa tête elle ne portait qu'un léger bonnet de tulle, mais qui lui seyait parfaitement ; elle était chaussée si artistement que l'on était émerveillé de la petitesse de son pied, de sa cambrure, de sa forme élégante ; enfin c'était une fort jolie femme, on ne pouvait lui disputer ce titre. Seulement, elle le savait si bien, qu'elle était persuadée qu'aucun homme ne pouvait résister à l'un de ses regards.

Roger, apercevant une dame, s'est levé et salue en disant :

— Pardon, madame, mais je n'avais pas regardé qui entrait... Puis-je savoir ce qui me procure l'avantage...

— Vous ne me connaissez donc pas, monsieur ?
— Non, madame.
— Je suis votre voisine du premier... madame de Beauvert.
— Veuillez prendre la peine de vous asseoir, madame.
— M'asseoir... est-ce qu'on peut s'asseoir... je ne vois pas un siége un peu propre.

Roger sourit en répondant d'un air railleur :
— Il est certain, madame, que ce doit être chez vous infiniment plus élégant qu'ici ; mais un artiste n'a pas les mêmes moyens que madame pour se procurer ce qui lui fait plaisir. Voici une chaise qui certainement sera bien fière si vous daignez vous poser dessus.

Paola, qui avait plus de jargon que d'esprit, ne s'aperçoit pas que le jeune homme se moque d'elle et se laisse aller sur la chaise en disant :
— Mon Dieu ! ce n'est pas que je sois plus difficile qu'une autre !... Quand je vais à la campagne, j'entre quelquefois dans des chaumières de paysans... cela m'amuse.
— C'est bien de la bonté de votre part !... Mais pourrais-je savoir ce qui me procure l'avantage de recevoir madame ?
— Ah ! tiens, c'est vrai, je ne vous l'ai pas encore dit ; mais d'abord je voudrais savoir pourquoi vous avez refusé de me rapporter vous-même ma perruche... quand ma femme de chambre vous l'a proposé ?
— Madame, il m'a semblé que j'aurais eu l'air d'aller quêter des remercîments... et vraiment je

n'en méritais aucun, car votre oiseau est venu de lui-même se planter sur ma fenêtre, ce n'est pas moi qui l'ai pris...

— Oui, oui; oh! je sais bien que vous n'avez pas pris mon oiseau!

Paola s'arrête et regarde assez longtemps Roger : il est probable que cet examen tourne à l'avantage de l'artiste, car elle lui fait un sourire fort gracieux et minaude bien gentiment, en lui disant :

— Voyons, mon cher voisin, ne faisons pas de manières... moi je n'aime pas les détours... J'étais curieuse de vous connaître... vous n'avez pas voulu descendre, je me suis dit : Je vais monter... est-ce que j'ai eu tort ?

— Nullement; je ne puis que vous remercier d'avoir daigné venir à mon cinquième.

— Je ne m'en repens pas... vous méritez les éloges qu'on m'avait faits de vous.

— On vous a fait mon éloge, et qui donc cela ?

— Léontine, ma femme de chambre ; elle m'a dit que vous étiez fort joli garçon.

— Je suis bien flatté d'être du goût de votre femme de chambre.

— Ne plaisantez pas, c'est une fille qui s'y connaît.

— Je pense bien qu'elle doit avoir beaucoup d'expérience.

— Elle m'avait vanté votre tournure... votre air distingué...

— De grâce, madame... Est-ce que vous êtes montée pour me faire des compliments ?

— Il faut bien que je vous en fasse puisque vous ne m'en faites pas, vous !

— Vous devez être tellement habitué à en recevoir, que j'aurais crainte de vous ennuyer en vous tenant ce langage.

— C'est vrai ; oui, il y a des gens dont les compliments m'assomment; mais ils m'entrent par une oreille et ressortent par l'autre. Vous n'êtes pas de ces gens-là, vous ! et puis, vous êtes artiste... vous devez vous y connaître.

— Vous avez trop bonne opinion de moi.

— Qu'est-ce que vous dessiniez donc là ?

— Ceci... c'est pour un journal.

— Ah ! mon Dieu !... sur quoi donc faites-vous cela ?

— Sur du bois.

— Quelle drôle d'idée de faire des dessins sur des petits morceaux de bois !

— Quand on veut que cela soit gravé, il faut bien dessiner sur le bois, à moins de le faire sur acier ; mais cela reviendrait trop cher pour les illustrations.

— Ah ! c'est là ce qu'on appelle des illustrations... Est-ce que vous ne faites pas de portraits ?

— Si, quelquefois. Tenez, en voilà un que j'ai fait il y a quelque temps... dans ce coin à droite.

— Ah ! voyons !...

Paola se lève et va examiner le portrait de Thélénie que Roger avait terminé depuis peu de jours, mais qui était parfaitement réussi. Il avait coiffé la belle brune d'une résille, ce qui allait parfaitemont à son genre de beauté et lui donnait tout à fait un cachet andalou.

Madame de Beauvert examine quelques instants le portrait, puis se pince les lèvres en disant :

— Oui, cela me paraît très-bien dessiné ; du reste, je ne m'y connais pas du tout. Est-ce ressemblant ou est-ce une tête de fantaisie ?

— C'est un portrait et fort ressemblant ; la personne n'est même pas flattée, quoiqu'elle soit très-belle, comme vous voyez.

— Oh! belle, cela dépend du goût... elle a l'air très-effronté, voilà ce qui saute aux yeux. Qu'est-ce que c'est que cette femme-là... un modèle ?

— Non, c'est une demoiselle de magasin.

— Ah !... Et dans quelle espèce de magasin trône-t-elle ?

— Dans un magasin de parfums.

— Ah! Dieu! c'est une parfumeuse... et c'est votre maîtresse, cette fille-là ?

Roger est tout saisi de la question, et surtout de la façon leste dont elle lui est faite ; il fronce les sourcils et répond d'un ton assez sec :

— Madame, il me semble que je n'ai pas à vous rendre compte de mes actions ni de mes sentiments, et je trouve votre question passablement indiscrète.

— Oh! vous vous fâchez!... ô mon Dieu!... je ne pensais pas commettre un crime en vous demandant cela ; mais il me paraît, monsieur, qu'avec vous il ne faut pas plaisanter. Après tout, cette demoiselle est peut-être une vestale... elle n'en a pas l'air cependant... elle me rappelle ces dames espagnoles qui sont venues se trémousser sur presque tous nos théâtres... Oh! je crois bien avoir vu danser la cachutcha à votre parfumeuse... Ah! ah! ah!... mais je vais encore vous mettre en colère, si je me permets de dire mon opinion sur cette demoiselle.

— Je ne suis nullement en colère, madame, répond Roger qui a repris sa bonne humeur, et vous avez le droit de dire tout ce que vous pensez sur ce que vous voyez ici.

— A la bonne heure, vous redevenez gentil. Mais je veux aussi que vous me fassiez mon portrait à moi... le voulez-vous?

— Pourquoi pas, madame? je suis à vos ordres.

— Oui, vous ferez ma tête... mais pas coiffée avec une résille par exemple. Ah! quelle horreur!... je trouve cela affreux... Qu'est-ce que vous me mettrez sur la tête... pour que cela soit distingué?

— Ce que vous voudrez, madame : un diadème si cela peut vous être agréable.

— Ah! que c'est méchant... on sait bien que je n'ai pas le droit d'en porter... à moins. Ah! oui, un diadème en fleurs, cela fera bien... n'est-ce pas? Regardez-moi donc, trouvez-vous que cela ira à mon genre de figure?

— Oui, madame, oui, cela vous ira parfaitement!

— Mais c'est à peine si vous m'avez regardée. Oh! décidément vous me boudez encore pour ce que j'ai dit sur votre parfumeuse.

— Je vous assure, madame, que je n'y pense plus.

— Mais j'oublie près de vous que l'on doit m'attendre en bas... je suis sûre que la calèche est devant la porte... on vient me chercher pour me mener à Enghien.

Roger se lève en disant :

— Ne vous faites pas attendre, madame; vous aurez un temps magnifique.

— Oui, je le crois... c'est égal, je vais beaucoup m'ennuyer... il y a de ces compagnies qui nous donnent le *spleen*. C'est une corvée que je fais là. Ah! si vous vouliez venir avec nous... je dirais à M. Bernouillet que vous êtes mon cousin, cela irait tout seul.

— Vous êtes mille fois trop bonne, madame, mais ce que je fais est très-pressé, il m'est impossible de quitter.

— Allons, puisque vous ne pouvez pas... je vais me sacrifier et bâiller à vingt francs par tête. Ah çà, mon voisin, je suis venue chez vous, maintenant il me semble que c'est à votre tour... vous viendrez, n'est-ce pas ?

— J'aurai ce plaisir, madame.

— Venez sur le midi, c'est l'heure où je suis seule... Je ne reçois jamais avant deux heures, mais vous, c'est différent, ce sera une autre consigne... vous vous en souviendrez ?

— Oh! certainement.

— Au revoir donc, mon voisin.

Madame de Beauvert est partie, et Roger se remet à son ouvrage en se disant :

— Le plus souvent que j'irai chez toi !... Oh! vous êtes fort jolie, madame, je ne puis dire autrement ! mais vous ne me séduisez pas du tout.

D'abord je n'aime pas ces dames qui se jettent à la tête des hommes, et franchement, à moins d'être un imbécile, il n'y a pas à s'y tromper... elle me regardait... de façon à me faire baisser les yeux. Et ces questions au sujet du portrait de Thélénie... cette affectation à en dire du mal... que ferait-elle donc si elle était ma maîtresse ! Je trouve déjà que Thélénie est assez embêtante, mais c'est cette belle dame qui serait un véritable *crampon !* comme nous disons entre artistes. Ah ! comme tout cela est loin de cette jolie Marie !... Quel dommage que cette jeune fille soit fausse, dissimulée, hypocrite !... elle a l'air si décent, si honnête... et tout cela n'est qu'un air qu'elle prend pour mieux nous tromper. Elle est la maîtresse de Lucien Bardecourt... elle n'en est pas convenue... mais il n'y a pas à en douter... elle a été vue avec lui, à son bras... elle n'a pu le nier. Ah ! cela m'a serré le cœur quand j'ai entendu cela... je me sentais si disposé à aimer cette jeune fille... quelque chose m'attirait vers elle... il me semblait lire dans ses yeux qu'elle m'aimerait aussi. Imbécile !... elle m'aurait aimé comme elle aime ce Lucien... pour me tromper ensuite. Ah ! je ne veux plus penser à cette Marie !...

Et Roger se met à marcher avec précipitation dans son atelier, puis tout à coup il s'arrête devant le portrait de Thélénie, le considère quelque temps, puis murmure :

— Pourquoi donc n'est-ce pas celle-ci que j'aime, car certainement elle est plus jolie que mademoiselle Marie, infiniment plus jolie !... Oh ! non,

non... ce n'est pas vrai... celle-ci a l'air effronté, madame de Beauvert n'a pas menti... elle est fort belle, mais il n'y a pas dans ses traits, dans l'expression de sa physionomie, ce charme qui attire... qui séduit... Celle-ci fait naître des désirs... l'autre inspire de l'amour. Mais après tout ce qui m'est arrivé, dois-je encore parler d'amour !... C'est un sentiment qui n'est jamais ressenti également par la personne qui l'éprouve et celle qui l'inspire. Non, non, des amourettes, c'est bien assez !... parce que dans les amourettes, ce qu'on éprouve le moins, c'est de l'amour.

XVII

Coup d'œil général.

C'est un samedi ; il est dix heures du soir, mais les boutiques de la rue de Rivoli sont encore resplendissantes de lumière. Dans le beau magasin de parfumerie où est placée la belle Thélénie, règne une activité qui annonce que le commerce va fort bien. Outre la jolie brune que nous connaissons, quatre autres demoiselles sont employées chez le parfumeur. Puis, il y a la maîtresse de la maison, beauté sur le retour, mais toujours très-coquette et qui, depuis qu'on ne lui fait plus de l'œil, ne veut pas souffrir que l'on en fasse à ses demoiselles. Enfin il y a le patron, homme très-actif, très-intelligent, qui s'occupe continuellement de son commerce, ce qui pourtant ne l'empêche pas de lancer par-ci par-là des regards très-tendres à celles de ses demoiselles qu'il trouve à son gré, et depuis que Thélénie est chez lui, c'est elle qui a la préférence ; mais ce monsieur a bien soin de cacher cette préférence à sa femme, qui est extrêmement jalouse et rénverrait bien vite celle de ses demoiselles pour qui son mari se montrerait aimable ou complaisant.

Le parfumeur va et vient et achève de fermer quelques paquets de marchandise. Madame est à son comptoir, où elle examine ses livres, puis elle dit :

— A-t-on envoyé chez madame de Bellaflori du vinaigre pour le visage, du blanc pour les sourcils et du carmin pour les lèvres ?

— Oui, madame, j'ai porté tout cela aujourd'hui chez cette dame, crie une des demoiselles.

— J'espère qu'en voilà une qui se *maquille!* murmure Thélénie à une de ses voisines. Ah ! Dieu ! que je me trouverais malheureuse si j'avais besoin de tout ça... et puis, le plus souvent que les hommes donnent là-dedans et prennent ces peintures-là pour de la vérité.

— Mais si, ma chère, mais si, il y en a qui s'y trompent, et d'ailleurs, si cela ne servait à rien, nous ne vendrions pas tant de cosmétique.

— A-t-on porté douze flacons de vinaigre de Bully, chez madame la vicomtesse de Vieuxsac ?

— Oui, madame ; cela fait vingt flacons que cette dame a pris depuis six semaines.

— Vingt francs de vinaigre en six semaines à cette vieille femme qui est ridée comme une pomme cuite... elle prend donc des bains de vinaigre ?

— Ou elle en met dans ses salades.

— En tout cas cela ne lui réussit guère, elle a l'air d'une momie mal conservée.

Et les parfums pour cette jeune actrice des boulevards ?

— On les a portés, mais elle ne les a pas payés.

— En voilà une qui s'en fourre des parfums... mais cela ne l'empêche pas de sentir mauvais de la bouche ; en voilà une infirmité pour une femme.

— On mâche du cachou, ma chère.

— On a beau mâcher tout ce que tu voudras, on empoisonne tout de même... Je me souviendrai toujours d'une de mes amies qui avait cet inconvénient et qui suçait continuellement des pastilles de menthe... cela faisait un mélange d'odeurs épouvantable... Depuis ce temps je ne puis pas souffrir les pastilles de menthe.

En ce moment on ouvre la porte du magasin, et un jeune homme fort élégant, et qui se tient bien roide, entre en disant :

— *Here english spoken ?*

— Oui, milord, oui, s'empresse de répondre le maître de la maison. Mademoiselle Olivia, parlez à monsieur, sachez ce qu'il désire.

La demoiselle qui parle anglais s'avance d'un air aimable vers le personnage qui vient d'entrer en lui disant :

— *What vill you, sir ?*

Et mademoiselle Thélénie murmure à l'oreille de sa voisine :

— C'est un Anglais comme je danse... Je le reconnais ce grand jeune homme-là... voilà plusieurs jours qu'il rôde dans la rue et me fait des mines... je te parie que c'est pour moi qu'il vient ici.

En effet, au lieu de répondre à la demoiselle qui lui a parlé anglais et qui à la vérité n'est pas jolie, le soi-disant étranger va droit à la belle brune et lui dit :

— Je vôlais... *if you please*... vous... servir môa.

— Milord, je vous demande pardon, mais je ne parle pas anglais, répond Thélénie.

Tandis que le parfumeur pousse ce monsieur vers mademoiselle Olivia, en disant :

— Voilà, sir... milord, c'est mademoiselle qui spoken english... et non pas mademoiselle.

Mais l'étranger tourne sur lui-même et revient devant Thélénie en lui disant :

— *Give my cream whip*... vôlez-vous ?

— Il est entêté, ce monsieur, murmure le parfumeur que cela impatiente de voir les regards de ce nouveau venu attachés sur sa plus belle demoiselle.

— Monsieur veut du *cold-cream*, dit la parfumeuse, j'ai fort bien compris, moi, il n'y a pas besoin de savoir l'anglais pour cela... donnez-lui en un pot, mademoiselle Olivia.

La demoiselle présente un pot de cold-cream à l'étranger qui se tient toujours devant Thélénie, et repousse avec humeur le pot qu'on lui présente, en s'écriant :

— No, no, ce était pas cela... je vôlais *cream whip*...

— Ah ! monsieur, c'est de la crème fouettée qu'il demande.

— Comment fouettée ! dit le parfumeur, il se croit donc chez un pâtissier ici... mais c'est lui qui va l'être fouetté, s'il ne s'en va pas bien vite.

Et courant secouer le bras de l'étranger qui fait des sourires à Thélénie, le maître du magasin lui dit d'un ton irrité :

— Vous vous trompez de maison, monsieur, on ne vend rien de fouetté ici... c'est un pâtissier que vous cherchez... allez plus loin... et ne venez pas empêcher nos demoiselles de travailler.

— Je vôlais *cream whip*.

— Nous n'en tenons pas, encore une fois ; plus loin, monsieur, plus loin.

Et le parfumeur pousse ce monsieur vers la porte et la lui referme sur le nez. Thélénie et les autres demoiselles rient aux éclats. Mais la maîtresse de la maison dit à son mari :

— Vous avez traité ce monsieur bien cavalièrement, et vous ne savez pas seulement ce qu'il voulait... car mademoiselle Olivia a, je crois, entendu de travers.

— Non, madame ; je vous assure que *whip* veut dire : fouetter.

— D'ailleurs, ma chère amie, je soupçonne ce jeune homme d'être un faux Anglais... il est entré ici pour s'amuser... faire une plaisanterie... il connaît probablement une de ces demoiselles.

— Mais non, monsieur.
— Nous ne le connaissons pas.
— Nous ne l'avons jamais vu.

Le parfumeur s'approche de Thélénie et murmure bien bas :

— Je suis bien sûr que vous le connaissez, vous.
— Moi ! par exemple.
— Qu'est-ce que vous dites à mademoiselle, Loulou ?
— Je lui demandais des ciseaux pour un moment.
— Pourquoi ne prenez-vous pas les miens ?
— Ils ne coupent pas, les tiens.
— Ah ! voilà du nouveau... c'est bon... suffit... Oh ! je ferai attention... et si on avait le malheur... Oh ! ce sera bientôt fait.

Le parfumeur ne fait pas semblant d'entendre, et les demoiselles se disent entre elles :

— Le patron aura sa danse ce soir... mais, Dieu merci, c'est demain dimanche ! nous nous donnerons de l'air.

Dans le magasin de fleurs artificielles qui est au-dessus du parfumeur, et dans lequel sont employées une demi-douzaine de jeunes filles, c'est un brouhaha continuel, ces demoiselles causent presque toujours en travaillant, et la plupart du temps parlent plusieurs à la fois ; la maîtresse du magasin étant elle-même fort gaie, fort bavarde, elle permet à ses ouvrières de causer, pourvu que la besogne n'en souffre pas. Là, une histoire n'attend pas l'autre, on sait les nouvelles du quartier, les aventures arrivées aux pratiques, les affaires que font les boutiquiers voisins, et parfois même on sait ce qui n'est pas arrivé.

— Qui est-ce qui va demain au bois de Boulogne?

— Ah! pas moi, ça devient trop cohue le bois de Boulogne, j'aime mieux les promenades où il n'y a personne.

— Passez-moi des pétales de roses, s'il vous plaît.

— Moi, je préfère le spectacle à tout.

— Qu'est-ce qui a pris mes pinces ?

— Moi, j'ai vu jouer dernièrement les *Jeux de l'amour et du bazar*... c'est ça qui est amusant !

— Tâche donc de savoir ce que tu dis d'abord... et n'écorche pas les titres des pièces.

— Comment... de quoi ? qu'est-ce que j'écorche, s'il vous plaît ! mam'zelle la savante ! qui veut savoir tout mieux qu'une autre.

— Tu dis le titre de travers, c'est : les Jeux de l'amour et *du hazard* que tu as vus, et non pas du bazar !

— Hasard !... Bazar !... c'est pas la peine de me reprendre pour si peu de chose. De la colle... où est la colle?

— Il y en a devant toi.

— Moi je suis allée à un petit théâtre dans une petite salle qui est dans le passage du Saumon.

— Ah ! je sais, mon cousin y a joué... Qu'est-ce que tu as vu ?

— J'ai vu *Othello ou le Moricaud de Venise*... ça ne m'a pas amusée du tout... et puis un mari qui étouffe sa femme parce qu'il la croit infidèle... merci, voilà de belles choses à montrer... un joli exemple à donner.

— Ah! c'est un homme de couleur qui fait ça.

— Je dînerai demain chez mes parents, et je mangerai de l'oie!

— Bon! voilà Tontaine qui pense déjà à ce qu'elle mangera demain... Moi je n'aime que les pièces à musique.

— Avec des marrons.

— Les airs à roulades, c'est si joli!

— J'aime mieux la graisse d'oie.

— Moi je trouve ça bête comme tout, ces roulades qui n'en finissent pas... j'ai toujours envie de crier au chanteur : Quand vous aurez fini, je reviendrai.

— Ma chère, ces dames qui chantent comme ça ont des perles dans le gosier et gagnent jusqu'à soixante mille francs par an.

— Eh bien, j'aime mieux entendre madame, quand elle chante : *Je vais revoir ma Normandie*.

— Je crois bien, dit tout bas une apprentie, on l'entendrait de Rouen.

— Et quand elle se mouche, donc! c'est comme un cornet à piston.

— Voilà ma couronne de mariée finie.

— Ah! Dieu! est-elle heureuse, celle qui va porter ça!

— Tu as donc envie de te marier, toi?

— Mais pourquoi pas, si c'était avec un joli garçon ? *L'hymen est un lien charmant !*

— Ah ! on la connaît, cette chanson-là ! Il n'est pas moins vrai que la petite dame de l'épicier en face, qui n'est mariée que depuis un mois, a déjà les yeux rouges comme un lapin, et un des garçons de la boutique assure que son mari l'a battue avec un pain de sucre !

— Ah ! l'horreur ! si c'est un gros pain, il pouvait la tuer.

— Non, ce n'est pas d'un pain de sucre qu'il s'est servi pour battre sa femme, c'est d'un paquet de chandelles.

— Ah ! c'est un peu moins dur, mais ça peut encore blesser.

— Mais non, mesdemoiselles, vous avez mal entendu ; ce n'est qu'avec une livre de bougie qu'il l'a frappée...

— Oh ! tout à l'heure ce ne sera qu'avec un bâton de sucre d'orge... Assez ! je redemande mon argent.

— Oh ! comme je danserai demain !... J'irai au Jardin des fleurs...

— Moi, à la Closerie des lilas.

— Moi, à un bal champêtre.

— Et moi, je mangerai de l'oie.

— Bouci-boula mangera de l'oie... vous l'entendez, mesdemoiselles ?

LES JEUNES FILLES EN CHŒUR !

Tonton, tonton, tontaine, tonton !

La maîtresse s'écrie :

— Eh bien, mesdemoiselles, qu'est-ce que cela signifie de chanter toutes comme cela !...

— Madame, c'est en l'honneur de Tontaine qui mangera de l'oie demain.

— Ah ! qu'elles sont enfants !... mais c'est très-bon l'oie... Allons, mesdemoiselles, ne nous endormons pas, il faut que ces garnitures partent demain... chantez, je le veux bien ; mais travaillez, dépêchez-vous.

— C'est ce que nous faisons, madame...

Dans le magasin de la lingère qui est au-dessous, règne un calme, un air de bonne compagnie qui fait tout à fait opposition avec la réunion des fleuristes. Ici, à la vérité, il y a beaucoup moins de monde. Le magasin n'est occupé que par la maîtresse de la maison, ses deux ouvrières dont l'une est Marie, et une petite apprentie de douze ans ; il y a bien encore une jeune bonne qui, quelquefois, se montre au fond du magasin, mais seulement pour prendre les ordres de sa maîtresse. Tout ce monde-là est calme, silencieux, on entendrait voler une mouche.

La demoiselle qui est la camarade de Marie a un air pincé, rechigné, et semble continuellement de mauvaise humeur ; elle ne peut pas souffrir sa compagne, parce que, lorsque la maîtresse n'est pas là, c'est presque toujours à Marie que s'adressent les chalands ; on n'a pas l'air de faire attention à elle, qui est cependant plus âgée, et puis la lingère elle-même parle à Marie avec plus de douceur, plus de bonté. Il n'en faut pas tant dans un magasin pour allumer la jalousie entre les ouvrières, et pourtant la jolie fille fait son possible pour être agréable à sa compagne, mais ses petits soins sont en pure perte. La demoiselle laide et maussade ne peut pardonner à Marie d'être jolie et gracieuse.

La lingère quitte sa place, va examiner l'ouvrage auquel travaillent ces demoiselles et dit à Marie :

— C'est très-bien, mon enfant, mais ces points à jour sont bien fatigants pour la vue... il ne faut pas vous abîmer les yeux. Reposez-vous, vous finirez cela lundi.

— Oh ! madame, je n'ai plus que peu de chose à faire pour terminer ce mouchoir, je puis bien le finir ce soir.

— Comme vous voudrez, mais alors j'espère que vous vous reposerez demain toute la journée et n'emporterez pas d'ouvrage dans votre chambre.

— C'est donc demain dimanche, madame ?...

— Sans doute... vous ne le saviez pas ?

— Mon Dieu, non, cela m'est si indifférent que ce soit dimanche... au contraire, je crois que je préfère les jours de semaine.

— Vraiment !... dit la demoiselle laide en faisant la grimace ; parce que vous n'avez pas de parents et personne chez qui aller, vous voudriez que les autres ne sortissent pas ! comme c'est égoïste !...

— Mais, Arsène, je n'ai jamais trouvé que l'on faisait mal de sortir ; je ne sais pas pourquoi vous me dites cela.

— Mademoiselle Arsène, dit la lingère, si Marie

n'a plus de parents, ce n'est pas sa faute, ce n'est pas bien à vous de le lui rappeler.

— Mon Dieu, madame, c'est qu'aussi on met mademoiselle dans du coton, on la dorlote, on a peur qu'elle ne s'abîme les yeux et il semble que les autres ne soient rien du tout.

— Vous êtes injuste, Arsène : j'apprécie ce que chacun fait, seulement je dois veiller sur la santé des personnes qui sont chez moi.

— Oui, murmure Arsène, c'est pour cela que j'ai toussé comme un bœuf pendant trois mois et qu'on ne m'a pas seulement donné un morceau de jus de réglisse ! si elle avait toussé... l'autre ! on lui aurait fait de la tisane.

Marie ne dit plus rien, mais elle soupire profondément, car elle pense à Roger, qui était si aimable avec elle et qui a tout coup cessé de la regarder, en apprenant qu'on l'avait rencontrée au bras de Lucien Bardecourt.

— Désormais, se dit-elle, il va croire que je suis la maîtresse de ce monsieur. Thélénie et les autres en sont persuadées, ou du moins elles affectent de le dire. Ah ! je savais bien que cette rencontre-là me porterait malheur ! Et que m'importe à moi que ce soit demain dimanche !... est-ce que j'ai des jours de plaisir !...

Dans le magasin de modes où travaille la grande Fanfinette, on flâne au lieu de faire des chapeaux; mais la maîtresse du magasin est allée au spectacle et ses demoiselles profitent de son absence pour regarder au travers des carreaux, examiner ceux qui passent dans la rue et se dire :

— Ton Ernest vient-il te prendre ce soir?

— Mais je l'espère bien... Et ton Arthur?

— Il sera là dans cinq minutes, avec de la galette.

— Où vas-tu demain, toi?

— Je ne sais pas; je balance entre Vincennes et Versailles... Vincennes est plus amusant, mais Versailles est meilleur genre.

— Et toi, Fanfinette?

— Moi, je ne sais pas encore ce que je ferai... il y a Sibille Peloton qui doit venir me prendre avec un char à bancs.

— Sibille... Mais Alexandre?

— Alexandre est parti pour la Californie... *ne sais quand reviendra!*

— Et tu vas avec Sibille?

— Oh! mesdemoiselles, c'est uniquement pour le faire poser et me promener en char à bancs. D'ailleurs j'emmènerai ma petite cousine Nanine.

— Mais on m'a conté que, dernièrement, en calèche, Sibille ayant voulu conduire, avait renversé tout le monde... Edelmone a eu un œil poché.

— Oh! mais soyez tranquilles, je ne le laisserai pas conduire le char à bancs... d'autant plus que je veux conduire moi-même.

— Toi?

— Oui, moi...

— Tu sais conduire une voiture... des chevaux?

— Je crois bien... j'ai une amie à l'Hippodrome... elle m'a donné des leçons. Maintenant, mesdemoiselles, c'est la mode, au bois de Boulogne toutes les dames conduisent.

— Tiens... les dames se sont faites cocher toutes ?

— Ah! non, celles qui fument.

Dans un grand magasin de confection du boulevard Sébastopol, la langoureuse Edelmone achève de bâtir un petit paletot d'enfant. Ce magasin a des employés des deux sexe ; les commis sont pour la vente, les ouvrières sont pour la couture des vêtements : il y a aussi des hommes qui ne sont occupés qu'à tailler dans les étoffes ; ceux-là sont ce qu'on nomme des coupeurs. Là, le patron a l'air fort sévère ; il va sans cesse de l'un à l'autre examiner si le travail se fait bien, si chacun est à son affaire ; les commis et les demoiselles ne peuvent échanger entre eux que de courtes phrases et à voix basse.

Mademoiselle Edelmone murmure à une jeune fille qui travaille près d'elle :

— Je ne resterai pas longtemps dans cette maison-ci... on s'y embête trop !... il faut avoir toujours le nez sur son ouvrage.

— Heureusement, c'est demain dimanche.

— Oh! oui, et Sibille doit venir me chercher de bonne heure en coupé, pour me mener à une foire de village...

— Quel village ?

— Je ne sais plus ; mais enfin, c'est celui où il y aura une foire.

— Il y en a souvent dans plusieurs en même temps... Je croyais que tu ne voulais plus aller avec Sibille... c'est lui qui est cause que tu as eu un œil si abîmé...

— Pauvre garçon! ce n'est pas sa faute ; mais au reste, je l'ai prévenu... je lui ai dit : Je n'irai avec vous qu'en coupé et à condition que vous ne conduirez pas.

— Eh bien, mesdemoiselles, pourquoi bavardez-vous au lieu de travailler!

— Nous ne disons rien, monsieur.

— Par exemple ! je vous ai bien entendues... vous parliez de couper... Si vous faites la moindre coupure dans ce vêtement, mademoiselle Edelmone... je vous mets à l'amende.

— Merci, je sors d'en prendre.

— Comment dites-vous ?

— Je dis que vous vous faites bien comprendre...

Enfin, dans un joli magasin de gants, la pétulante Anisette s'impatiente parce qu'elle est en train d'essayer des gants à une dame qui ne trouve jamais qu'on la gante bien.

— Tenez, madame, ceux-ci vous iront... Oh ! c'est bien votre main.

— Vous croyez... voyons...

— Oh ! ils vous vont parfaitement.

— Oui, mais la couleur ne me plaît pas... j'en veux de plus clairs...

— Alors ce n'était pas la peine d'essayer ceux-ci.

— Essayons ceux-là...

— Ils vous seront trop petits.

— Mais peut-être... essayons toujours... les doigts sont trop longs.

— Et ceux-ci ?
— La peau n'est pas assez fine.

En face d'Anisette, une autre demoiselle essaie des gants à un gros monsieur, et lui dit :

— Ne mettez donc pas vos pouces, monsieur...
— Pourquoi cela, mademoiselle ?
— Parce qu'on ne met jamais ses pouces tout de suite en essayant des gants.
— Mais je veux aussi des gants pour mes pouces...
— Mais soyez tranquille, vous les entrerez après.
— Je veux les entrer tout de suite.
— Là ! voyez-vous, vous avez fait craquer les gants... c'est votre faute, je vous ai averti... mais tant pis, nous ne les reprendrons pas.
— Alors il faut que je garde des gants que je ne peux pas mettre ?
— Il ne fallait pas y fourrer tout de suite votre pouce ; ils se seraient faits à votre main.

Ces demoiselles sont enfin parvenues à se débarrasser de leur monde. Elles se rapprochent l'une de l'autre et se disent tout bas :

— Comme il y a des gens assommants !
— Et entêtés !
— Et bêtes !
— Enfin, c'est demain dimanche... on tâchera d'oublier les ennuis de la semaine.
— Où vas-tu, Anisette ?
— Sibille Peloton doit venir me chercher.
— Avec une voiture ?... je croyais qu'il t'avait déjà versée ?

— Aussi n'ai-je pas envie d'aller en voiture avec lui... mais il doit louer des chevaux et nous irons promener à cheval.

— Tu sais donc monter, toi ?

— Comme feu *Franconi*, que je n'ai jamais vu, mais qui était, dit-on, le roi des écuyers.

— Où irez-vous ?

— Parbleu ! au bois de Boulogne.

— Je suis capable d'y aller pour vous voir passer. Tu as donc un habit d'amazone ?

— Non ; mais j'ai un chapeau de feutre avec un voile vert ; ça suffit.

On voit que le jeune Sibille avait pris beaucoup d'engagements pour le dimanche suivant.

XVIII

Le danger qu'il y a à prodiguer son portrait.

Madame de Beauvert a vainement attendu la visite de son jeune voisin ; quatre jours se sont écoulés depuis qu'elle est montée à l'atelier de Roger, et celui-ci n'est pas venu la voir ainsi qu'il le lui avait promis, ainsi que le voulait la plus simple politesse. La dame à la mode est furieuse contre le jeune artiste ; blessée dans son amour-propre, contrariée dans ses désirs, elle, avec qui les hommes se montrent si empressés, si galants, si heureux lorsqu'elle veut bien leur accorder un sourire... se voir dédaignée par un simple artiste, qui demeure à un cinquième étage ; il y avait bien là de quoi irriter ses nerfs. Aussi cette dame est-elle d'une humeur effroyable ; elle gronde sa femme de chambre, elle reçoit fort mal les compliments et les petits soins de M. Bernouillet ; enfin, il n'y a pas jusqu'à sa perruche qu'elle est sur le point de repousser ; mais l'oiseau lui a dit : « Tu m'embêtes!... » et elle a trouvé cela si à propos, qu'elle ne lui a pas tenu rigueur.

Cependant la colère de cette dame serait probablement moins tenace, s'il ne s'y joignait pas, ou plutôt si elle ne cachait pas un autre sentiment. Mais la belle Paola qui jusqu'alors avait bien voulu inspirer de l'amour, en se donnant bien de garde d'en éprouver, cette courtisane qui, en franche coquette, s'amusait beaucoup des passions qu'elle faisait naître, et se moquait ensuite des hommes qui avaient été assez fous pour lui sacrifier leur fortune et souvent leur avenir, Paola, semblable à celle dont La Fontaine nous a conté l'histoire, était aussi devenue amoureuse.

Roger avait touché ce cœur qui se croyait invulnérable. Etait-ce seulement sa figure, sa personne qui avaient subjugué cette dame ? N'était-ce pas plutôt la froideur avec laquelle il avait reçu ses avances, le peu de cas qu'il avait fait de ses invitations, la façon tant soit peu railleuse dont il avait répondu à ses compliments ? c'était probablement un peu de tout cela réuni. Car, pour plaire à une courtisane, soyez bien certain qu'il ne faut pas lui faire la cour, ni lui offrir le moindre bouquet ; fi donc ! tous les hommes font cela, et on n'aime pas un homme qui ressemble à tous les autres.

Quand une femme a dépassé la trentaine et qu'elle aime pour la première fois, soyez persuadé que cette passion la dominera entièrement, et que pour la satisfaire elle sera capable de commettre de grandes sottises.

Paola ne veut pas d'abord s'avouer à elle-même qu'elle ressent de l'amour pour son jeune voisin ; elle cherche à se persuader que c'est seulement son amour-propre qui est piqué. A chaque instant dans la journée elle appelle sa femme de chambre et lui dit :

— Léontine, est-ce que tu as rencontré M. Roger depuis peu ?

— Non, madame, non ; je n'ai pas rencontré ce monsieur depuis que madame a été chez lui

— Et conçois-tu qu'il ne soit pas venu me rendre ma visite ? comprends-tu quelque chose à cela ?

— Oh ! madame... ces peintres qui dessinent, ça ne se pique pas de politesse apparemment.

— Cependant celui-ci a l'air bien élevé. On voit qu'il a l'habitude du monde, mais il est malade peut-être ; demande donc au concierge si M. Roger n'est point malade.

— Oh ! je ne crois pas, madame, je l'ai rencontré avant-hier, qui descendait l'escalier en chantant.

— Mais depuis deux jours, mademoiselle, il a eu le temps de faire une maladie. Quelquefois cela vous prend du jour au lendemain. Allez vous informer chez le concierge.

Mademoiselle Léontine descend s'informer ; elle remonte bientôt, en criant d'un air tant soit peu moqueur :

— M. Roger, le peintre du cinquième, se porte comme le pont Neuf ; le portier lui a monté ce matin pour son déjeuner deux côtelettes, des rognons, du café, des flûtes.

— Assez ! assez !

— Madame, il y avait encore quelque chose.

— Je vous dis qu'en voilà assez.

— Ah ! une botte de radis.

— Ah ! que vous m'impatientez !

— Et du beurre.

— Avez-vous fini ?

— C'est pour prouver à madame que ce monsieur n'est pas malade. Il se nourrit bien pour un dessinateur.

— Que vous êtes sotte !... on voit bien que ce jeune homme est à son aise. Il loge au cinquième parce que les peintres tiennent à avoir un très-beau jour.

— Au fait, le concierge m'a dit que M. Roger était accablé d'ouvrage... il vient beaucoup de monde chez lui.

— Vient-il des femmes ?

— Ah !... probablement c'est mêlé !... après cela je ne sais pas.

— Léontine !

— Madame ?...

— Ecoute. Tu vas redescendre chez le concierge.

— Encore pour savoir si M. Roger est indisposé... au fait, il pourrait bien avoir eu une indigestion.

— Taisez-vous et écoutez-moi : Vous demanderez au concierge s'il vient souvent des femmes chez ce jeune homme... et entre autres une jeune fille brune, à l'air effronté, qui doit avoir la démarche hardie ; sachez à quelle heure elle vient, si elle reste longtemps... si quand elle est là-haut ce monsieur ouvre encore la porte à d'autres visiteurs... Tu entends, Léontine... tu m'as comprise. Tiens, voilà cent sous que tu donneras au concierge pour qu'il entre dans de grands détails.

— Suffit, madame... oh ! je vais le faire jaser, *le Pipelet !*...

La femme de chambre descend de nouveau, mais avant d'entrer chez le portier elle met la pièce de cinq francs dans sa poche et la remplace par une pièce de quarante, en se disant :

— Ce sera bien assez pour faire jacasser le portier : il ne faut pas gâter ces gens-là !... J'ai bien plus de mal que lui, moi, qu'on fait monter et descendre à chaque instant.

Madame de Beauvert attend avec impatience le retour de sa femme de chambre ; enfin celle-ci revient :

— Le portier m'en a conté tant que j'ai voulu ; pour cent sous cet homme-là parlerait depuis le matin jusqu'au soir sans s'arrêter... C'est pis qu'une portière !... M. Roger reçoit beaucoup de monde, mais bien plus de messieurs que de dames. Cependant la brune dont madame m'a fait le portrait est en effet venue assez souvent, mais depuis quelque temps elle vient moins. Plusieurs fois elle a déjeuné avec M. Roger, et ces jours-là on faisait toujours monter des huîtres ; il paraît que cette demoiselle aime les huîtres.

— Et elle vient moins à présent?

— Elle vient moins, mais cependant elle vient toujours.

— A quelle heure vient-elle ?

— Oh ! elle n'a pas d'heure fixe, tantôt c'est de grand matin, tantôt c'est dans l'après-midi... Quant aux autres personnes qui viennent...

— C'est bien, Léontine, j'en sais assez.

Madame de Beauvert ajuste sur sa tête un charmant bonnet de dentelles, elle jette sur ses épaules un petit cachemire, puis sort de chez elle et gravit lestement les étages qui la séparent de l'atelier de Roger en se disant :

— Ah ! il ne veut pas venir... eh bien, j'irai chez lui... j'irai si souvent que je l'habituerai à mes visites... D'ailleurs, je me ferai faire mon portrait... il ne peut pas me refuser cela, c'est son état ; s'il ne peut pas le faire à l'huile, eh bien, il me dessinera comme cette demoiselle qu'il a déjà chez lui... et qui va y manger des huîtres. Oh ! si je la trouvais avec lui, cette femme... je sais bien que je n'ai pas le droit de rien lui dire... c'est égal, je trouverais bien le moyen de la tourmenter.

Mais, au lieu de Thélénia, c'est le jeune Sibille Peloton qui est en ce moment chez Roger. Cette fois, Sibille n'est pas envoyé par son cousin, mais le jeune négociant voudrait avoir sa photographie, son portrait en carte, comme la mode en est venue depuis quelque temps, si bien que cela est passé en usage, on se donne son portrait comme jadis on se donnait simplement son nom et son adresse ; c'est à qui se fera faire en trois poses : l'une debout, l'autre assis, le troisième de profil. Et qu'on ne croie pas que c'est seulement les artistes, les gens à talents, les grands personnages, les célébrités dont on a chez soi les portraits ; tout le monde se fait photographier. Le tapissier envoie sa figure à son voisin le pâtissier, qui en revanche lui offre la sienne ; l'épicier met sa carte-portrait chez le charcutier qui s'est fait tirer debout tenant à la main un superbe boudin. Inutile d'ajouter qu'il en est de même des dames, et celles-ci sont plus pardonnables que les hommes, les femmes ont toujours aimé à se voir, comment résisteraient-elles à ce torrent, à cette trombe de portraits photographiés qui tout à coup s'est abattue sur toutes les classes de la société ?... Oui, toutes les classes, car vous trouverez fort peu de portières qui n'aient pas chez elles leur photographie, et incessamment les ouvreuses de loges distribueront la leur aux personnes qu'elles placeront, avec le numéro qu'elles donnent pour rendre les châles ou les chapeaux.

Revenons au jeune Peloton, qui a le plus ardent désir de posséder son portrait assis, debout et de profil, pour le distribuer à toutes les demoiselles de magasin qu'il courtise, persuadé que la vue de son image ne pourra qu'accélérer son triomphe. Mais comme en ce moment le jeune homme ne se trouve pas en fonds, ce qui est presque son état normal, il voudrait trouver moyen de se faire photographier gratis. Comme il sait que Roger est fort lié avec plusieurs photographes en renom, il veut tâcher d'avoir par son entremise accès et recommandation près de l'un d'eux. C'est donc ce motif qui l'a conduit dans l'escalier du dessinateur.

— Est-ce que votre cousin vous a chargé de quelque commission pour moi ? dit Roger en voyant Sibille arriver chez lui.

— Non, monsieur, non, j'y suis venu de moi-même, pour avoir le plaisir de vous dire bonjour.

— Tu mens, se dit Roger en lui-même, je te connais, mon petit bonhomme, et ce n'est pas seulement pour cela que tu es monté ici.

Puis il répond tout haut :

— C'est fort aimable à vous, jeune homme ! asseyez-vous... Eh bien ! vous avez donc encore fait des vôtres à ce pauvre M. Boniface Triffouille... il paraît que cette fois vous avez failli le tuer, lui et les deux donzelles qui vous accompagnaient.

— Ah ! monsieur Roger, est-ce que c'est ma faute ? On vous a donc mal conté l'histoire ?... je vous en fais juge : nous étions en calèche, je conduisais, les chevaux s'emportent, dans un horrible cahot, nous tombons sur la route. Croyez-vous que je l'aie fait exprès de faire tomber ma société, puisque je suis tombé aussi, moi ?

— Non, vous ne l'avez pas fait exprès, assurément, mais les chevaux se sont emportés parce qu'ils étaient mal conduits, et c'est vous qui avez voulu absolument conduire... malgré le cocher, que vous avez trouvé moyen d'éloigner ; vous voyez donc bien que c'est votre faute si l'accident est arrivé.

— Oh ! c'est cela... un accident arrive... alors c'est ma faute... Si M. Boniface m'en veut, il a tort.

— Il ne vous en veut pas, il est trop bon pour cela... et pourtant il en aurait le droit : il lui a fallu payer l'accident arrivé au cheval ; heureusement c'était peu de chose.

— Et moi donc, il m'a fallu payer la roue de la voiture du blanchisseur.

— Ce n'est pas vous qui l'avez payée, c'est votre cousin, à qui vous avez écrit à Saint-Cloud, où l'on vous gardait en ôtage et qui a été vous délivrer.

— Naturellement... entre cousins, c'est bien le moins, j'en ferai autant pour lui si l'occasion se présentait.

— C'est égal, le pauvre Boniface n'a pas de bonheur avec vous.

— Je le dédommagerai de cela un de ces jours. Dites-moi, monsieur Roger, vous êtes lié avec plusieurs photographes... très-célèbres ?

— Bon ! Je te vois venir, toi ! se dit l'artiste, qui répond :

— Oui, pourquoi cela ?

— Mon Dieu, je vais vous le dire. Vous savez que maintenant tout le monde fait faire son portrait sur des cartes.

— Oui, on attendant qu'on le fasse faire sur des boules de loto ; après ?

— Alors... je vous dirai que j'ai très-envie de me faire tirer.. photographier sur cartes ; d'abord cela me sera très-utile d'avoir mon portrait. Et près des femmes !... oh !... près des femmes, cela me fera faire tant de conquêtes !...

— Vous croyez ?

— J'en suis sûr...

— Vous pourriez vous tromper ; il est souvent fort maladroit de prodiguer son portrait... Voulez-vous que je vous conte ce qui est arrivé à quelqu'un que je connais beaucoup ?... et ceci n'est point une histoire faite à plaisir ; du reste, cela n'a rien d'extraordinaire.

— Parlez, monsieur Roger... je vous écoute.

— Il s'agit d'un homme de lettres très-connu... très-aimé... mais dont il est inutile que je vous dise le nom. Il n'est pas partisan des portraits, lui ; cependant un monsieur de ses amis, se livrant, pour son plaisir seulement, à faire de la photographie, le supplia tant de venir poser chez lui, qu'enfin, de guerre lasse, mon monsieur y consentit. On fit son portrait, non pas sur une carte, mais de moyenne grandeur : on le fit de deux façons différentes ; ce n'était pas fort heureux d'exécution, mais enfin cela ressemblait. On lui donne ses deux portraits, en lui disant : « Quand vous voudrez d'autres épreuves, ne vous gênez pas, vous n'aurez qu'à parler. » Fort bien. Mon homme de lettres avait une maîtresse... Qui est-ce qui n'a pas au moins une maîtresse ! Celle-ci trouve les portraits chez son amant et s'écrie :

« Ah ! c'est pour moi que vous les avez fait faire, n'est-ce pas ?... je les veux... »

— Ce monsieur lui répond :

« Prenez-en un si vous le voulez ; il me semble que c'est bien assez, vous n'avez pas besoin d'avoir les deux... .

— Si fait ! si... je veux les deux... que feriez-vous de l'autre ? vous le donneriez à une autre femme, j'en suis sûre ! Non, non, je veux les deux... d'ailleurs, vous savez bien que je ne vous vois jamais assez... que personne n'aura autant que moi de plaisir à les regarder... je serai si malheureuse si vous ne me les donnez pas tous les deux !... »

— Ce monsieur ne veut pas faire de peine à cette dame. Les deux photographies sont encadrées et elle les emporte chez elle. Mais, six mois plus tard, cette liaison se refroidit, puis se rompt entièrement. Voilà qu'un beau jour mon homme de lettres se trouvant chez son pharmacien, avec lequel il était ami, éprouve le besoin d'aller en certain lieu. Le pharmacien lui donne la clef de son cabinet particulier ; il en sort au bout de quelque temps en riant comme un fou.

« Pourriez-vous me dire ce qui vous met en gaieté ? lui dit son ami.

— Et pourriez-vous me dire, vous, comment il

se fait que mes deux portraits photographiés sont dans vos lieux à l'anglaise ?

— Quoi ! la bonne les a accrochés là !... oh ! l'imbécile... Mon cher ami, voici l'histoire : Madame X..., votre ancienne maîtresse, est aussi ma cliente ; dernièrement elle me fait demander et me dit :

— O monsieur ! rendez-moi un grand service... je vais me marier... du moins j'en ai l'espoir... mais je ne voudrais pas que mon futur vit chez moi ces portraits de votre ami... vous comprenez, cela lui ferait deviner des choses que je veux lui cacher... Voulez-vous ces deux portraits ? cela me fera bien plaisir si vous m'en débarrassez !...

— Vous pensez bien que j'ai accepté. J'ai apporté chez moi les deux portraits ; mais n'ayant pas encore trouvé d'endroit pour les placer, je les avais laissés sur un meuble de ma chambre, et il paraît que ce matin, la bonne voulant ranger, les aura accrochés où vous les avez vus, mais où je vous prie de croire qu'ils ne resteront pas. »

— Voilà, monsieur Sibille, ce que je voulais vous apprendre pour vous prouver qu'il est quelquefois fort dangereux de prodiguer son portrait, même aux femmes qui ont l'air de nous adorer.

— Ah ! l'histoire est bonne... elle est très-bonne !... mais je n'ai pas peur qu'on mette ma carte-portrait dans les lieux d'aisances... oh ! non, jamais !

— On ne sait pas... on ne sait pas... *souvent femme varie...*

— Je gage, moi, que celles à qui je donnerai

ma figure, la mettront dans leur lit sous leur oreiller.

— C'est possible ; on voit des choses si bizarres !

— Et je venais vous demander, monsieur Roger, un petit mot de recommandation pour un photographe de vos amis.

— Pourquoi faire une recommandation ? vous avez le droit de vous faire photographier partout.

— Oui, je sais bien... je puis aller me faire faire... mais, je ne veux être photographié que par une célébrité... et les célébrités prennent cher, tandis qu'avec un petit mot de vous...

— Vous pensez qu'on vous ferait gratis...

— Gratis, je ne dis pas... mais je ne serais pas obligé de payer de suite.

— Et alors vous ne paieriez pas du tout.

— Ah ! monsieur Roger, vous avez mauvaise opinion de moi !...

— C'est que j'ai su par M. Boniface que, dans les parties que vous avez faites ensemble, vous l'avez toujours laissé payer tout.

— Ma foi, écoutez donc, quand on pilote quelqu'un, ordinairement, c'est le quelqu'un qui paye... ce n'est pas celui qui nous procure de l'agrément.

— Il est gentil l'agrément que ce monsieur a goûté grâce à vous...

— Ah ! je ne peux pas répondre des événements... Eh bien, voulez-vous me donner le petit mot que je vous demande ?

— Non, jeune homme, non, je ne vous donnerai pas le plus petit mot.

— Et pourquoi donc cela ? ça vous coûterait si peu.

— Oh ! certainement, ce serait l'affaire d'une minute ; mais je vous répète que je ne le veux pas. Et si, grâce à moi, votre figure n'est pas sous une foule d'oreillers, il me semble que ce ne sera pas un grand malheur, et que la postérité s'en consolera facilement.

— Ah ! que vous êtes méchant, monsieur Roger ! enfin, c'est égal, je me ferai faire tout de même. Cela m'est indispensable. D'abord, je donne souvent des rendez-vous auxquels il m'est impossible de me rendre ; eh bien, dans ce cas-là, j'enverrai mon portrait pour me remplacer.

— Et vous chanterez :

> Et si je ne suis pas là,
> Mon portrait du moins y sera.

— Justement. Voyons... chez qui me conseillez-vous d'aller ?

— Chez celui qui fait le moins ressemblant, c'est dans votre intérêt.

Le jeune Peloton allait répliquer, mais c'est en ce moment que madame de Beauvert entre dans l'atelier. A la vue de cette dame élégante qui répand sur son passage le parfum d'un délicieux bouquet, Sibille se lève, se cambre, passe sa main dans ses cheveux et tâche de se donner un air distingué.

Roger salue profondément sa voisine et lui présente un siége ; mais Paola s'écrie :

— Mon Dieu, excusez-moi, je vous dérange peut-être, messieurs... j'en serais désolée... monsieur posait, je crois...

— Non, madame, je ne posais pas, répond Sibille en s'inclinant profondément devant la jolie dame, et je poserais que certainement... je m'empresserais de ne plus poser... mais je ne posais pas...

— Ah ! voilà une phrase qui me rappelle : *Je n'aime pas les épinards et j'en suis enchanté, car si je les aimais j'en mangerais, et je ne peux pas les souffrir !*

— Décidément, M. Roger m'en veut aujourd'hui... il ne cesse pas de se moquer de moi ; je crois que je ferai bien de m'en aller.

Sibille se penche vers l'artiste et lui dit à demi-voix :

— Quelle est donc cette dame ?

— Qu'est-ce que cela vous fait... est-ce que vous avez envie de la mener en calèche ?

— Pourquoi pas !... elle est fièrement jolie... Est-elle mariée ?

— De la main gauche seulement... Vous voudriez l'épouser ?

— Mais oui ; une femme comme cela à mon bras, ça me chausserait joliment.

— Je crois que cela vous coifferait aussi.

— Vous êtes un heureux mortel, monsieur Roger.

— Vous me flattez, jeune homme.

— Vous ne voulez pas me donner le petit mot ?

— Ah !... allez-vous recommencer ?

Sibille prend son chapeau, salue profondément Paola, dit adieu à Roger et s'éloigne en fredonnant l'air du *Mé-liton*.

XIX

Une première séance.

Paola a pris un siége et s'est assise en face de Roger, en disant :

— Vous devez trouver que j'ai bien peu de cœur, n'est-ce pas ?

— Comment cela, madame ! je ne vous comprends pas.

— Vous n'avez pas eu seulement la politesse de me rendre ma visite... vous n'avez pas daigné entrer un moment chez moi... ce qui vous aurait bien peu dérangé, puisque vous passez journellement devant ma porte, et malgré cela je viens encore vous voir... Ah ! convenez-en, c'est lâche... c'est bien sot de ma part.

— Madame, vous avez en effet le droit de me trouver impoli, et je m'en accuse devant vous, mais les artistes sont un monde à part, qu'il faut accepter comme il est ou ne point voir du tout. La visite... la cérémonie, tout cela n'est à mes yeux que sujétions et fatigue. Je vais fort peu dans le monde, justement pour n'être point assujetti à des visites... dans lesquelles on perd beaucoup de temps... pourquoi faire ? pour échanger de banales politesses et des phrases dont les trois quarts du temps on ne pense pas un mot. Je ne suis point allé chez vous, madame, parce que j'avais cru que vous ne feriez aucune attention à mon peu de savoir-vivre, et que vous aviez déjà oublié votre voisin du cinquième.

— Non... vous n'avez pas cru cela... vous ne pensez pas ce que vous dites en ce moment, je ne me paye pas de telles raisons... Vous n'êtes pas venu parce que... parce que cela ne vous a pas plu, voilà tout.

— Je vous le répète, madame, il me semblait que dans la foule d'admirateurs qui doit sans cesse vous entourer de ses hommages, un de plus ou de moins ne devait pas être remarqué... surtout quand ce n'est pas un personnage important.

— Vous êtes décidé à ne pas sortir de là... c'est bien, il est inutile d'en dire davantage sur ce sujet... Monsieur Roger, je désire que vous fassiez mon portrait... et c'est pour cela que je suis venue.

— Madame, je suis à vos ordres... mais je ne peins pas à l'huile, je vous en préviens.

— Mon Dieu, monsieur, vous me ferez comme vous voudrez, vous avez bien fait le portrait de cette fille qui est là-bas. Ah ! je ne puis pas le regarder, ce portrait-là ! il m'agace, il me fait mal aux nerfs.

— Vous n'êtes nullement obligée de le regarder... Si vous le désirez, je vous ferai au pastel.

— Qu'est-ce que c'est que ça, le pastel ?

— C'est au crayon, mais en couleur.

— Ah ! oui, oui... faites-moi au pastel alors... ce sera plus gentil que tout noir. Quant au prix, monsieur, je vous donnerai ce que vous me demanderez.

— Oh ! madame, nous n'aurons pour cela aucune difficulté.

— C'est bien... Et vous me ferez ressemblante surtout !...

— Je vous prie de croire que j'y ferai tout mon possible au moins.

— Je vous préviens que je ne veux pas être flattée, d'abord.

— Vous n'en avez pas besoin, madame !

— Voilà un mot que vous avez dû dire souvent ! Quand commencerons-nous ?

— Mais... demain, si vous avez le temps de poser.

— Non, pas demain, après-demain ; je viendrai ici... je ne veux pas vous obliger à venir chez moi, cela vous rendrait malade.

— Madame, je ferai tout ce que vous voudrez ; mais vous concevez que, dans mon atelier, j'ai tout ce qu'il me faut sous la main, et c'est infiniment plus commode pour travailler.

— Oui, oui, je viendrai ; d'ailleurs, cela m'amuse de venir ici... et puis j'y ferai peut-être des rencontres... agréables... votre belle parfumeuse. Vient-elle souvent manger des huîtres avec vous ?

Roger se met à rire en répondant :

— Diable !... mais vous avez donc un démon familier qui vous instruit de ce qu'on fait?

— Il n'y a pas besoin de démon quand on demeure dans la même maison ; est-ce qu'on ne sait pas tout ce que font nos voisins !

— Cela dépend ; moi, je vous certifie que c'est une chose dont je ne me suis jamais occupé.

— Qu'est-ce que c'est que ce petit jeune homme qui était ici tout à l'heure ?... il a une drôle de tête !

— C'est un négociant en herbe.

— Comment ! il vend des herbages ?

— Je veux dire : c'est un apprenti commerçant.

— Il a l'air d'un groom.

— N'en dites pas de mal, il vous a trouvée ravissante.

— Vraiment !... il vous l'a dit ?

— Sur-le-champ ! Au reste, vous avez bien dû vous en apercevoir.

— Oh ! je suis si habituée aux œillades, aux compliments. Il est fort laid ce petit homme.

Madame de Beauvert se lève, se promène dans l'atelier, s'arrête devant le portrait de Thélénie et s'écrie :

— Pourquoi donc cette demoiselle n'emporte-t-elle pas son portrait quand elle vient ici ?

— Parce qu'elle m'en a fait présent.

— Oh ! quel joli cadeau ! Quand je viendrai poser ici je le retournerai, car je ne peux pas le voir. Adieu, monsieur Roger... à bientôt... mais à quelle heure puis-je venir ?

— A l'heure qui vous conviendra, madame ; je serai toujours disponible.

— Mais cependant... si vous étiez en train... de déjeuner... cela vous gênerait ?

— Je vous demanderais la permission de continuer... voilà tout...

— Même... si vous mangiez des huîtres ?

— Pourquoi pas ?... seulement je vous engagerais à en manger aussi.

Paola se mord les lèvres, fait des yeux flamboyants, puis sort brusquement en disant :

— Adieu, monsieur.

— Cela ne m'amusera pas du tout de faire son portrait ! se dit le jeune artiste, mais je ne pouvais pas refuser... je n'en avais pas le droit... et puis... c'est singulier, elle a dans le profil quelque chose de Marie... Oui, mais lorsqu'elle vous regarde ce n'est plus cela du tout. Celle-ci a des yeux hardis, impertinents, libertins lorsqu'ils veulent être aimables, tandis que cette jeune lingère, c'est un regard doux, tendre et toujours si décent. Comment ce Lucien a-t-il pu lui plaire ! lui qui a des manières si libres, si décolletées. Ah ! comprenez donc quelque chose aux femmes !... Est-ce que la voisine du premier serait amoureuse de moi, par hasard ? cette colère contre le portrait de Thélénie, cet entêtement à vouloir que j'aille chez elle... sans fatuité je crois que j'ai fait sa conquête. Si cela est, tant pis pour vous, madame, car vous ne me plaisez nullement, et, bien que vous soyez très-jolie femme, vous en serez pour vos avances. Je suis fâché de n'avoir point demandé à Sibille s'il voyait quelquefois Lucien Bardecourt, j'en avais l'intention, c'est l'arrivée de cette dame qui m'en a empêché, j'aurais pu peut-être avoir par lui quelques renseignements sur la liaison de ce monsieur avec cette jeune Marie. Je sais bien que si je voulais questionner Thélénie, elle m'en donnerait; mais elle demanderait en quoi cela m'intéresse... de quoi je me mêle... elle aurait raison... cela ne me regarde pas.

Madame de Beauvert ne manque pas de se rendre le surlendemain chez Roger. Chaque fois qu'elle monte à l'atelier, elle fait une toilette du meilleur goût; elle emploie tous les moyens en usage, tous les raffinements de la coquetterie pour faire la conquête de l'artiste, et se pose devant lui en disant :

— Me trouvez-vous bien ainsi... cette robe fera-t-elle bien en portrait... et ma coiffure... je suis venue en cheveux... faut-il que je me fasse apporter un chapeau ou un bonnet ?

— Vous êtes très-bien ainsi, madame; un chapeau vieillit toujours... enfin vous serez beaucoup mieux en cheveux comme vous voilà.

— Eh bien, en ce cas, faites-moi ainsi. Allons-nous commencer ?

— Oui, madame, tout de suite... veuillez vous asseoir.

— Quelle pose faut-il prendre ?

— Celle qui vous est la plus habituelle, cela vaut toujours mieux.

— Mais j'ai beaucoup de poses habituelles !

— Celle qui vous gênera le moins.

— Tenez, suis-je bien ainsi ?

— Fort bien... un peu plus penchée à droite... là... c'est cela...

— Il me semble que j'aimerais mieux m'appuyer sur une table.

— Comme vous voudrez. Tenez, voilà une table.

— Je vais poser mon coude... là. Est-ce bien ?

— Oui, ce n'est pas mal.

— Non, ça me fatiguera de tenir mon bras ainsi... j'aime mieux autrement. Ah ! si je tenais un bouquet, ou un livre ?

— Comme vous voudrez, madame ; seulement, il faudra tâcher de vous fixer.

— Mon Dieu ! monsieur, il me semble que c'est assez important pour qu'on y réfléchisse ; vous ne m'aidez pas aussi, vous me laissez chercher toute seule.

— Eh bien, madame, permettez-moi de vous dire que la première position était la meilleure.

— Vraiment ? eh bien, reprenons-la alors ; mais je ne me souviens plus comme j'étais ; venez me placer vous-même.

Roger va mettre son modèle comme il l'entend. Paola fait une foule de petites minauderies pendant que l'artiste lui place les bras et les pieds ; enfin la position est fixée, et Roger se met à l'ouvrage. Mais à chaque instant le modèle remue, se dérange et porte sa main à sa coiffure pour retoucher à ses cheveux.

— Madame, il faudrait pourtant tâcher de rester un peu tranquille, si vous voulez que je puisse bien dessiner votre pose.

— Monsieur, c'est que vous me regardez beaucoup, cela me trouble, cela me donne des distractions.

— Madame, il est impossible de faire un portrait sans regarder son modèle.

— Mon Dieu, je ne m'en offense pas ; seulement je vous répète que cela me fait un drôle d'effet.

— Vous ne vous étiez pas encore fait peindre, madame ?

— Oh ! si, bien souvent ; mais tous les peintres n'ont pas votre regard.

Roger fait semblant de ne pas entendre et travaille avec ardeur.

— Monsieur, ce sera-t-il long à faire mon portrait ?

— Non, madame ; trois ou quatre séances... surtout si vous posez bien.

— Oh ! mais je ne suis pas pressée, donnez-vous le temps. Ah ! je vois là-bas quelque chose qui me fait loucher.

Et cette dame, se levant vivement, va au portrait de Thélénie, lui met le visage du côté du mur, puis revient se mettre à sa place. Roger n'est pas maître d'un mouvement d'impatience, il s'écrie :

— Mais, madame, vous changez toute la pose ; ce n'est plus cela du tout.

— En vérité ! ah ! je vois que vous êtes en colère de ce que j'ai retourné le portrait de votre maîtresse.

— Il n'est pas question de ce portrait, madame, mais du vôtre ; et si vous continuez à changer de position, nous ne ferons jamais rien de bien.

— Ne vous fâchez pas, mon petit voisin, on ne bougera plus. Savez-vous bien que vous avez l'air méchant, quelquefois ?

— Je ne crois cependant pas l'être, madame ; de ma vie je n'ai eu l'idée de faire du mal à personne.

— Souvent on fait du mal sans le vouloir... sans le chercher... souvent on cause des chagrins... des peines...

— Souriez un peu, s'il vous plaît madame.

— Ah ! que vous êtes terrible ! et si je n'ai pas envie de sourire, moi !

L'arrivée de Boniface Triffouille interrompt cette dame. Le provincial salue, puis s'arrête en disant :

— Bonjour, monsieur Roger... Oh ! mais pardon... vous avez du monde... je vous dérange... je m'en vais...

— Mais restez donc, mon cher monsieur Triffouille... vous ne me dérangez nullement... au contraire... je vous ai déjà dit que je ne travaillais jamais mieux qu'en compagnie.

— Alors... si c'est comme cela.

— Je fais le portrait de madame... c'est une besogne qui ne saurait vous faire fuir.

— Oh ! assurément... c'est un ouvrage... bien agréable !

— Asseyez-vous... et contez-nous des nouvelles... Voyons, avez-vous revu ces messieurs avec qui vous m'avez fait dîner ?

— Mais oui... je me suis trouvé hier au soir au spectacle avec l'un d'eux.

En ce moment madame de Beauvert, qui faisait la mine depuis l'arrivée de Boniface, se lève brusquement en disant :

— En voilà assez pour aujourd'hui, je ne pose plus.

— Quoi, madame, déjà !

— Oui, je suis fatiguée.

— Serait-ce moi qui ferais fuir madame ? dit Boniface en se levant d'un air contrit.

— Non, monsieur, non, pas du tout. Adieu, monsieur Roger... à bientôt.

Roger se lève et reconduit Paola qui lui dit tout bas lorsqu'elle est sur le carré :

— Je ne suis pas venue pour poser devant le monde, et vous n'aviez pas besoin de retenir cet olibrius !

— Mais, madame.

— Laissez-moi, je vous déteste !

Et cette dame descend l'escalier, tandis que Roger rentre dans son atelier en riant.

— Je suis désolé... je suis venu mal à propos... je crains d'avoir contrarié cette belle dame, dit Boniface.

— Vous êtes venu fort à propos au contraire, mon cher monsieur, et vous ne pouviez me faire un plus grand plaisir.

— En vérité... je craignais d'avoir mis cet dame en fuite.

— C'est justement de cela que je vous suis reconnaissant... j'ai des raisons... très-fortes pour ne point désirer de rester en tête-à-tête avec cette dame.

— Tiens! tiens! elle est fort jolie cependant cette dame.

— Oui, oh! je lui rends cette justice, elle est très-bien...

— Et vous faites son portrait?

— Elle l'a désiré... j'ai dû la satisfaire.

— Sa conversation n'est donc pas amusante?

— Elle me parle de choses... que je ne veux pas entendre. Enfin, je vous le répète, votre arrivée m'a fait grand plaisir.

— Ma foi, j'ai manqué de vous amener Calvados.. cet ami dont je vous ai parlé.

— Ah! ce monsieur qui met sa femme à l'épreuve ?

— Justement. Il aime beaucoup les artistes, et comme je lui ai dit que j'avais le plaisir de vous connaître...

— Amenez-le... nous ferons connaissance. Mais qui donc avez-vous vu hier au spectacle... Sibille?

— Non... Oh! celui-là je ne tiens pas à le rencontrer... il a une manière si désagréable de m'amuser...

— Alors, c'est son cousin que vous avez rencontré?

— Non, c'est M. Lucien Bardecourt.

— Lucien. Ah! vous l'avez vu... était-il seul au spectacle?

— Non, il était avec une petite femme... fort gentille, ma foi!

— Il était avec une femme... et lui avez-vous parlé?

— Certainement! il était dans une loge, il m'a

fait signe. Je suis allé dans la loge, j'y suis resté avec eux tout le temps du spectacle.

— Et cette... jeune femme, qui était avec lui... elle est fort jolie, n'est-ce pas ?

— Oui, c'est-à-dire, elle est gentille... ce n'est pas une beauté, mais elle est drolette.

— C'est une brune... de grands yeux bruns... de longs cils... le teint un peu pâle... l'air assez réservé.

— Non... non, oh! ce n'est pas cela du tout! C'est une blonde... au nez retroussé, des yeux bleus, des couleurs vives... et l'air très-gai, très-éveillé... elle riait pendant qu'on jouait, et pourtant on donnait un drame fort triste, ce qui même a été cause qu'on a crié plusieurs fois : Silence donc dans la loge... mais au lieu de se taire, cette jeune femme riait plus fort.

— Vous m'étonnez... et cette femme... Lucien ne l'appelait-il pas Marie ?

— Non, il l'appelait Cléopâtre... j'en suis sûr; il lui a dit plusieurs fois :

— Mais, Cléopâtre, si tu fais tant de bruit, on va nous faire sortir.

Et elle a répondu :

— Zut ! ça m'embête cette pièce-là.

— Oh! assurément ce monsieur n'était pas avec Marie, se dit Roger, ce n'est pas elle qui aurait répondu ainsi.

— Cette demoiselle, ou cette dame Cléopâtre, avait aussi une passion pour les oranges, reprend Boniface, à chaque entr'acte elle en envoyait chercher; j'ai même eu l'avantage de lui en acheter une demi-douzaine. Cela m'a fait l'effet d'une viveuse. En sortant j'ai entendu qu'elle disait à M. Lucien :

— Où me mènes-tu souper ?

J'ignore ce qu'il lui a répondu, je les ai quittés alors.

— Et vous ne savez pas quand vous reverrez Lucien ?

— Ma foi non. Ah ! cependant il m'avait dit :

— Connaissez-vous le Château-des-Fleurs ?

— Non, lui répondis-je.

— Eh bien, venez-y donc jeudi, j'irai avec quelques amis, vous ferez danser Cléopâtre.

— Mais je vous avoue que cela ne me tente pas beaucoup de faire danser cette demoiselle, ce doit être une demoiselle ; puisqu'elle fait tant de bruit au spectacle, qu'est-ce que cela doit donc être dans un bal !

— Alors Lucien sera jeudi prochain au Château-des-Fleurs ?

— Oui ; est-ce gentil ce château-là ?

— Fort gentil ; c'est tout bonnement un jardin dans lequel on fait de la musique, on danse ; il y a une foule de jeux...

— Et le château ?

— Il n'y a pas de château. Venez-y donc jeudi, j'irai moi.

— Si vous y allez, cela me décide ; mais je ne connais pas vos danses à la mode.

— On n'est pas obligé de danser.

— Et cette demoiselle Cléopâtre que M Lucien veut me donner pour la danse ? Ah ! j'y songe j'emmènerai avec moi Calvados; c'est un danseur, lui, il me remplacera.

M. Boniface Trifouille reste encore quelque temps chez Roger, puis il le quitte en lui disant :

— A jeudi. Ah! faut-il être en grande toilette pour aller à ce château... où il n'y a pas de château?

— Ce n'est pas nécessaire. Allez comme vous êtes habituellement, vous serez toujours bien.

— Tant mieux, j'aime mieux cela; quand il faut être pincé dans un habit noir, je ne m'amuse pas.

Le jeune artiste est bien aise de se retrouver seul pour se livrer à son aise à ses pensées.

— Etre l'heureux amant de Marie, se dit-il, et déjà la tromper, aller avec une autre ! Ah! ce monsieur n'était pas digne d'une si charmante conquête !... mais peut-être sont-ils déjà brouillés!... Oh! je le saurai... je verrai ce Lucien jeudi, je tâcherai de le faire causer de ses amours, ce ne sera pas difficile, il parle continuellement de ses bonnes fortunes... et certainement il parlera de Marie.

FIN DU PREMIER VOLUME

TABLE

	PAGES.
I. M. Boniface Trifouille	5
II. La fin d'un dîner	18
III. Les bonnes fortunes de Sibille Peloton	31
IV. Promenade nocturne	48
V. Une chambre pour trois demoiselles	65
VI. Thélénie à sa toilette	71
VII. Le médecin des ânes	82
VIII. Le lundi matin	98
IX. Histoire de tous les temps	112
X. Madame de Beauvert et la perruche	128
XI. Monsieur et madame Calvados	141
XII. Une belle calèche	150
XIII. Un *four-in-hand*	161
XIV. Souffrances cachées	178
XV. Où l'amour se glisse	189
XVI. Madame monte	203
XVII. Coup d'œil général	214
XVIII. Le danger qu'il y a à prodiguer son portrait	230
XIX. Une première séance	245

FIN DE LA TABLE DU PREMIER VOLUME.

F. Aureau. — Imprimerie de Lagny

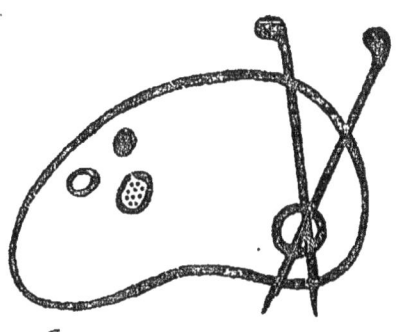

Original en couleur
NF Z 43-120-8

www.ingramcontent.com/pod-product-compliance
Lightning Source LLC
Chambersburg PA
CBHW070621170426
43200CB00010B/1874